图腾艺术史

岑家梧　著

中央编译出版社

Central Compilation & Translation Press

图书在版编目 (CIP) 数据

图腾艺术史 / 岑家梧著 . —北京 : 中央编译出版社，2023.1（2025.3 重印）

ISBN 978–7–5117–4240–7

Ⅰ . ①图… Ⅱ . ①岑… Ⅲ . ①图腾 – 艺术史 – 中国 Ⅳ . ① B933

中国版本图书馆 CIP 数据核字 (2022) 第 153395 号

图腾艺术史

责任编辑	郑永杰	
责任印制	李 颖	
出版发行	中央编译出版社	
地 址	北京市海淀区北四环西路 69 号 (100080)	
电 话	(010)55627391(总编室)	(010)55625174(编辑室)
	(010)55627320(发行部)	(010)55627377(新技术部)
经 销	全国新华书店	
印 刷	佳兴达印刷（天津）有限公司	
开 本	880 毫米 × 1230 毫米 1/32	
字 数	134 千字	
印 张	7.625	
版 次	2023 年 1 月第 1 版	
印 次	2025 年 3 月第 2 次印刷	
定 价	58.00 元	

新浪微博：@ 中央编译出版社　微信：中央编译出版社 (ID：cctphome)
淘宝店铺：中央编译出版社直销店 (http：//shop108367160.taobao.com)
　　　　　(010)55627331

本社常年法律顾问：北京市吴栾赵阎律师事务所律师　闫军　梁勤
凡有印装质量问题，本社负责调换。电话：(010)55626985

作者自序

图腾制广布于南北美洲、非洲、澳洲及太平洋群岛等低级文化民族^①间。但在一切文明民族的风俗习惯，宗教信仰等文化残存物中，若一详加考察，我们仍可发见此制的痕迹，故图腾制实占人类社会生活史上一大过程。

图腾制于原始时代的社会关系中，能否具备划分为图腾社会阶段之条件，目下尚无定论。我们暂可视为缓和原始生产集团间的矛盾而来的特殊体制。艺术是适应一定生产关系基础之上的意识形态，其生产样式与物质的生产样式不可分离，故原始狩猎民族由于图腾集团组织而引起的艺术活动，在任何一时间空间里，决难寻得其同样状态。图腾艺术之发生发展消灭等过程，图腾事实未发见之前，就完全不可理解的了。

新几内亚土人^②的船首饰物，澳洲土人的武器雕刻，非洲马来群岛土人的纹身，北美印地安人的住所装饰，一致地

---

① "低级文化民族"概因美国人类学者摩尔根的文化进化理论而来，现学界已多不用，可改用"原始部落"等。——编者注

② "土人"现学界已多不用，现多用"原住民"等。——编者注

描写奇异动物的图形，传统的美学者看来，却是实际生活以外的游技。我国古籍中"天命玄鸟，降而生商"的人与兽交的部族起源传说："鸟兽跄跄，凤凰来仪"，"击石拊石，百兽率舞"的动物模仿跳舞，历来的注解，都不能尽释其原义。这是很显明的例证。

佛来则①（J. G. Frazer）是研究图腾制最尽力的一人，彼由于图腾仪式之考察，归结到图腾民族的魔术行为，为原始艺术发生之摇篮，其言或过。惟至少可说：一切原始艺术之萌芽，达图腾文化期而始辉煌焕盛。如北美海达族（Haidas）之屋宇、舟车武器及用具装饰，图腾仪式或跳舞集会时之身体化装，波亚斯②（F. Boas）认为达到原始艺术之最高峰。尤其屋宇及日常用具上描号的图腾记号，佛来则说：中世纪的贵族之住所，仪仗及衣服颜色、徽章装饰，其华丽之程度，尚无及之，足见图腾艺术在人类全部艺术活动的历程上的重要性了。

著者于艺术史之研究，愧未入门，及读佛来则、波亚斯、哈顿③（A. C. Haddon）、勃龙④（G. B. Brown）、伯金（E. A. Parkyn）及含伯利（W. D. Hambly）诸家关于原始艺术，史前艺术之著作，知各地图腾民族之艺术活动，遍及艺术各部门。乃略事材料之收集，辑成是书，分别提出图

---

① 今译弗雷泽。——编者注

② 今译博厄斯。——编者注

③ 今译海顿。——编者注

④ 今译布朗。——编者注

腾艺术之纲要。详细的研究，还有待于后来的努力。

　　著者旅居国外，对于史前人类学，考古学上专门名词之翻译，因无中文书籍可供参考，颇感困难，其中错误之处，知所不免，甚愿博学之士教正。

　　本书之作，得陈钟凡师的启发最多。稿成，又蒙为校阅一过，并介绍于王云五先生，得以刊行于世，至为可感。宝贵的材料之采集，均赖中村一雄先生之帮助。而来仪不断地给与的鼓励，尤增加著者向学问上致力的决心，此际心中怀着说不出的谢意。

岑家梧

亡母十八周年忌辰于东京

目 录

第一章

释图腾制

艺术是一定的社会经济基础上的产物，其所具有之特殊形态，必然地为生产条件所决定。因之，在未探讨图腾艺术之前，我们必须了解什么是图腾制。

图腾制最显著的特征有四，即：

（一）原始民族的社会集团，采取某种动植物为名称，又相信其为集团之祖先，或与之有血缘关系。

（二）作为图腾祖先的动植物，集团中的成员都加以崇敬，不敢损害毁伤或生杀，犯者接受一定的处罚。

（三）同一图腾集团的成员，概可视为一完整的群体，他们以图腾为共同信仰。身体装饰、日常用具、住所墓地之装饰，也采取同一的样式，表现同一的图腾信仰。

（四）男女达到规定的年龄，举行图腾入社式。又同一图腾集团内的男女，禁止结婚，绝对的行外婚制（Exogamy）。

何故而产生此等图腾的规定。原来"图腾"（Totem）两字，乃从北美奥日贝人（Ojibways）的土语转化而来，发音没有正确的标准，还可拼为 Totam、Dodaim 等，意为"彼之血族""种族""家庭"。澳洲土人所谓"科旁"（Kabang）与之同义，代表一种特殊的社会体制之用语。英国商人朗格（J. Long）一七九一年出版一部记述北美、印地安人的社会生活的游记^①中，最先记出图腾的名称，且说明其为印地安人的宗教信仰之一种。一八四一年格来^②（Grey）所发表的著作^③中，更列举澳洲土人的习俗也有类似图腾之点。其后勒南（J. F. Lennan）于《两周评论》（*Fortnightly Review*）连续地发表许多论文^④，正式地说明图腾制不特具有宗教信仰的特质，且于进步的宗教仪式中尚可寻求其痕迹。如古代希腊、罗马诸民族的宗教信仰，都受到图腾主义的影响。

同时，摩尔根（L. H. Morgan）也指出美洲北部及中部的印地安人诸部族中，图腾制分布至广。^⑤费孙（Fison）与荷维特（Howitt）更发见了澳洲土人社会间，也有与图腾制相关联的体制存在。^⑥然都不足以解图腾制之所以产生的社会意义。及斯宾塞（Herbert Spencer），先提出名目论的假说，以图腾制乃从误解人类之浑号而产生。例如野蛮民族集团间，常因人之狡猾而称其为狐，从此他的

---

① J. Long：Voyages and Travels of an Indian Interpreter and Trader.

② 今译格雷。——编者注

③ Grey：Journals of two Expeditions in North-West and Western Australia.

④ J. F. Lennan：1. The Worships of Animal Plants；2. Totems and Totemism.

⑤ L. H. Morgan：Ancient Society.

⑥ Fison and Howitt：Kamilaroi and Kurnai.

儿女也被称为狐的儿女。久而历经世代，遂遗忘浑号的原意，形成狐部族的图腾组织。[1]维尔金（G. A. Wilken）由于东印度群岛土人的宗教信仰的考察，承认图腾制实由人类死后转生为动植物的信仰而来。[2]佛来则最初也同意于维尔金的意见，及读斯本塞与基伦（Baldwin Spencerand Gillen）关于澳洲土人的社会习俗的调查报告，复更改其主张，以图腾主义为土人集团企求食物的繁殖而发生的咒术行为。最后，彼倾心于澳洲中部土人胎儿产生所行的仪式之研究，再另立解释，谓图腾制系野蛮民族对于妇人妊娠之魔术的解说之结果，即：野蛮民族缺乏妊娠与人类性交有关的思考力，由于妊娠的突然事实之惊异，遂归因于自然物的神秘的力量，这个神秘的力量，就取图腾主义的宗教形式表现出来。[3]此外，英国人类学者哈顿等则假设图腾制为原始人类集团交换食物之意识反映。涂尔干（E. Durkheim）则谓图腾制不外集团所用纹章的神圣化之结果。希白（M. W. Heape）、弗洛伊特[4]（S. Freud）等也各有见解。然而都不能达到问题的核心，且显明地以思维决

---

① H. Spencer：The Principles of Sociology，Vol. 1，pp. 331–340.

② G. A. Wilken：Het Animiame bij de Volken Vanden Indischen Archipel，pp. 997，999.

③ J. G. Frazer：Totemism and Exogamy，Vol. 4，pp. 52–70.

④ 今译弗洛伊德。——编者注

定存在，颠倒因果。这都是缺乏科学的历史方法之过。

最先，我们应该明白，目下北美、非洲、澳洲等土人社会中存在的图腾制，已非属其最初的形态。欧洲史前旧石器时代阿里格内辛期[①]（Aurignacian）的图画雕刻，无疑地为图腾文化期的产物，将之与澳洲人的互相参照，其制造技术及表现样式，前者常较后者的原始性更深。且澳洲人一般工具上如磨制的使用，已显明地表现出新石器时代的社会关系；社会组织，也产生阶级分化之萌芽，印地安人尚有血缘的氏族结合之事实。[②] 从阿里格内辛期遗物得见之社会关系，决无此等进步的状态存在。故澳洲土人及北美、印地安人的图腾集团组织，不可据以探求图腾制之原初形态可知。

试将史前原始民族的遗物，参证于社会进化史理论的结果，知道图腾制为原始人类从事狩猎采集经济阶段上必然产生的集团体制。原始人群，由于固定地域所产生的自然物不同，生产工具的样式殊异，狩猎与采集的范围，遂陷入专门化，而发生专一种类的动植物猎取的生产集团。复由于动植物的固定猎取之限制，引起生产劳动性的沉降，与原始社会固有的生产关系发生矛盾。图腾制即由各生产集团为缓和这个矛盾而来结合更大的生产集团的特

---

① 今多译为奥瑞纳文化。——编者注

② 早川二郎译：布伊哥夫斯基，《图腾制问题》65页。

殊体制。

布伊哥夫斯基（S. N. Buikovsky）曾这样说明，图腾制之最初形态即由于猎取对象物之具有共通性的各生产集团的联合，抑制集团间食物分配的矛盾。如鹿的图腾集团包括以鹿、马等较为接近的种类动物为猎取的生产集团，从而获得更多种类的生产对象物之猎取。此时图腾制完全担负维持其集团内共同制的任务。到了社会关系之矛盾性更行深度的发展，禁止食物之个人自由使用的"禁忌"（Taboo）就出现而再次缓和。[①]

图腾制发展的最后形态，是为氏族社会之萌芽，转若目下澳洲、北美等土人的社会组织。没落期的图腾制，仅仅偏于有现实的经济意义之意识形态的表现。如遵守禁忌以保存食物，举行咒术仪式，祈求食物的繁殖等。然而这些消极的缓和，到底不能解决原始社会关系的矛盾。最后，图腾体制逐渐崩坏，氏族社会代之而产生了。

图腾制于原始社会里占有的过程，仅仅如此短促，若显明地指出它的期间，不过原始共同制与氏族制交替期的过渡阶段。然而一切的变革过程，都不是机械的消灭与产生，而是有机能的转化。图腾的意识形态，氏族社会中虽无具体的完整的存在，而部分的尚被保存。且演变为特

① 早川二郎译：布伊哥夫斯基，《图腾制问题》67页。

殊的信仰，习俗，其遗制实贯通氏族社会的全面。图腾
仪式，更有转形改质，构成文明民族的风俗习惯。故图
腾艺术史之研究，就不限于原始社会之图腾期者为满足，
必须同样地留意遍及后期的各社会阶段的图腾艺术之残
存物了。

第二章

图腾制之地理分布

图腾艺术，有原始时代世界图腾民族的遗物及活存于目下各地图腾民族间的两种。为求易于明瞭我们所述的艺术品之属于那一个时间空间的产物，这里有先述图腾民族的地理分布之必要。

详细地考察古代世界民族的神话传说与遗留物品，任何民族，都可发见图腾制的痕迹。盖图腾制既为原始人类从事狩猎、采集的生产关系上必然产生的体制，一切民族无不经过狩猎、采集经济生产的阶段，图腾制也应为世界民族共通具有的普遍现象了。

埃及初期的社会习俗，显然与图腾制有关。国内栖息的动物，无论野兽、家畜，均视为神圣动物。故意杀害之者，被处死刑。复设世袭的保护者，加意供养。崇拜红鹤（ibis）之风尤甚，杀害之者，无论有意无意，概处死刑。鳄鱼亦为埃及人崇拜的对象，古代埃及遗迹中，曾有无数的鳄鱼木乃伊出现。巴白列美斯（Papremis）的住民尤尊敬河马。

大概当时埃及人的图腾对象物，以动物为最多，植物，自然物或自然现象如太阳、火、雷等间也有之。各图腾集团，相信其种族为图腾所降生，各以图腾徽章区别所属。犬、鹰、蝎、狮子、小羊、枭、象、牛、蜜蜂、毒蛇、椰树、芦苇、大枫树、弓、箭、铦、斧、镞、山岳及太阳等图腾，极为常见。[1]

埃及的国王之惯用鹰为保护神，而自称为鹰的子孙，也属图腾遗义。埃及社会组织，由氏族\部族而达王国的建立，摩莱（A. Moret）曾作如下的说明：埃及王朝时代以前，原为许多图腾部族，其后集中而成许多联邦，联邦内的图腾部族逐渐取消原有的图腾信仰转而崇拜联邦的保护神。再由联邦造成了南北埃及两个王国，保护神亦仅存其二。即南部埃及者为神鹰荷鲁斯（Horus），北部埃及者为蛇。最后，南部埃及征服北部埃及，合为一国，

古埃及哈夫拉国王雕像头上的神鹰荷鲁斯

神鹰被尊为唯一的保护神，国王以神鹰为称号，且自命为神鹰的后裔了。故埃及社会发展的途径，实由图腾部族联邦而至王国。图腾信仰也随着这个组织的变革而转换，结

---

① 西村真次：《世界古代文化史》161页。

果就连结图腾动物于帝王自身。^①金字塔中得见埃及国王的雕像，头上戴上神鹰的王冠，正透露出这个消息。

希腊人崇拜的神，尤具图腾崇拜的形态，雅典市神的殿中，有神圣的蛇被保存。伊比特罗斯（Epidauros）的亚斯里波斯（Askpleipios）神庙，也供养大蛇。神话中，以动物表现神形者如：宙斯（Zeus）为鸳、白马或牡牛，其妻伯拉（Pella）为牝牛，阿波罗（Apollo）为狼，阿瑞那^②（Athena）为鸥，地神为蛇。^③而阿斐洛底特（Aphrodite）与金盏花，低荷索斯（Dioysos）与葛藤，阿当尼斯（Adonis）与野猪也有不可分离的关系。

罗马曾经有图腾制的存在，神话传说所表现者至为明显。罗马建国者罗缪鲁斯（Romulus）与雷末斯（Remus）即相传为被弃于泰伯河（Tiber R.）的婴儿，后为牝狼所救而养育之。罗马帝国时代的圣山，佛来则谓其与澳洲图腾民族的法地同一制度。^④史家娄内尔（Renel）尚称罗马军旗上描写的狼、马、野猪、鹰、牛头人身之怪物等，也系原来图腾的记号。

民俗学者由于现存的习俗的研究，同样地承认不列

① A. Moret：La Royauté dans L'Egypte Primitive：Toteme et Pharaon.

② 今译雅典娜。——编者注

③ 小林秀雄：《希腊古代文化史》104页。

④ J. G. Frazer：Totemism and Exogamy，Vol. 1，p. 95.

013

第二章　图腾制之地理分布

颠诸民族以前曾有图腾制的存在。几个部落的名称及其起源的传说，都显示出与动物及自然物的关系。一个有权力的部族或家族，曾假托为天鹅或水郎的后代。桑农（Shannon）人说起飞隼（griffin），贝尔发斯（Belfast）一带的人说起牛，奥莎里（Osory）人被称的名字是有野红鹿的意义，苏格兰也有以野猫为部落的名称。[①]

英格兰人以动物、植物为姓的习俗甚多，如猪（hog）、狮子（lion）、狼（wolf）、猫（cat）、鲑（salmon）、狐（fox）、天鹅（swan）、鹬（woodcock）、鹧鸪（patrige）、樱草（primrose）、苹果树（apple tree）、玫瑰（rose）、桦（birch）、榉（beech）均为图腾的遗习。[②]戈美（J. L. Gomme）的著作[③]中，认为今日欧洲人的风俗习惯之保留图腾原意者也多。

欧洲多瑙河流域出土的鱼人石雕（公元前 5000 年）

中国史书记述以兽为部族名称的甚多，如共工、驩兜、三苗、鲧等，《山海经》中均作兽形。又，《史记·五帝本纪》：

① 郑振铎译：M. R. Cox，《民俗学浅说》99页。

② 江绍原译：A. B. Wright，《英吉利谣俗及谣俗学》110页。

③ J. L. Gomme：Folklore as an Historical Science，pp. 289，296.

教熊、罴、貔、貅、虎以与炎帝一战于阪泉之野。

所谓熊、罴、貔、貅、虎等当为图腾的记号。古代部族祖先的传说，如天降玄鸟，姜嫄履巨人迹，都足以表明女系制及图腾社会的意义。格拉勒^①（M. Marcel Granet）将《史记》所载的人物整理出一个世系表如下：

颛顼——1

……2

女脩——3

（一说即皋陶）大业——4

（一说即伯翳）大费——（5）

（鸟俗氏）大廉——（1）——1 若木

……2……2

……3……3

……4……4

（鸟身人言）孟戏中衍——5——5 昌费

……

……

……

---

① 今译葛兰言。——编者注

中滴——（5）

蜚廉——7

季胜——2——1 恶来

（皋狼）孟增——3——2 女防（1）

衡父——4——3 旁皋（2）

造父——5——4 太几（3）

——大骆（4）

——非子（5）

这表中的名字，有鸟，有兽，有怪物，且如《史记》所述，还有奇怪的故事夹杂其中，都是表示图腾旗帜和女系制的意思。①

此外，井上芳郎更称中国上代传说的帝王，如伏羲、神农、黄帝、尧、舜等均为动物的变形。②据此以找寻太阳崇拜、河神崇拜，而至龙、蛇、虎、熊、鹫、山岳等崇拜的痕迹。

日本原始社会的组织，西村真次从神话传说研究的结果，承认其有图腾制的存在，他说：

---

① 李璜译述：M. M. Granet，《古中国的跳舞与神秘故事》65页。

② 井上芳郎：《支那古代之帝王及氏族神》14—24页。

原始日本人的社会，大概也发生过图腾的组织。日本神话中，残留图腾的痕迹很多。如鳄鱼神话中的素菟（Shiro Usagei）和迩（Wini），即从图腾发展而来之氏族观的表现。又人名中，也多有保留图腾意义者，氏族制时代之鲔（苏我氏）、贝峭、大雀、若雀、智奴（以上皇室），均与动物有关：其习俗至飞鸟、宁乐时代仍然残存。《万叶集》中带有动物的人名，不可胜举。又今人由十二支而名辰之助卯太郎、丑五郎、阿酉、阿寅等带动物之名尤多。一般虽释为因生岁关系，然不属于十二支的熊、鹿之名又不可解，故我仍以为是图腾痕迹之表现。[1]

中国半坡出土的石器时代陶盆上描绘的含鱼头象。这也许是原始的图腾脸谱

《古事纪》及《日本书纪》中，尚有以自然物为神灵的事迹，当源自图腾无疑。可举者如下：

----

① 西村真次：《日本古代社会》331页。

自然物	神名
太阳	天照大御神（Amaterasu）
太阴	月读神（Tsukuyomi）
风	须佐之男命（Susanoo）
山	大山津见神（Ohoyamtsumi）
海	大绵津见神（Wadatsumi）
地震	乃雉神（Nainokami）
雨	古拉神（Kuraokami）
木	久久奴志神（Kukunuchi）
草	鹿屋能比卖神（Kuyanohime）
鸟	八咫鸟（Yatagarasu）
兔	因幡白兔稻羽之素兔（Inabanoshiro usagei）
石	道返大神（Chikaheshi）
	沙伊神（Sake）
	喜密可楚神（Himekoso）

由此可见日本古代社会中的图腾制之普遍了。

其次，我们再看现存的低级文化民族间图腾制的分布情形。非洲土人社会中，有图腾制存在的，以北部接近地中海及大西洋的巴巴利（Barbary）之柏柏人（Berberes）为多。土人遵守禁忌极严。羚羊、狐、鸟、乌鸦、龟等，加以杀害之者，处以死刑，或又承认鹤、羊为其祖先。阿尔及利亚（Algeria）土人，此等习俗尤多，他们惯以水蛇为其保护者，或用食物喂于水蛇，且焚香敬拜之。再向南，及中部的苏丹（Sudan），自靠近红海的埃及起，西至日遮河（Niger R.）一带，土人均相信某种动植物为其祖先。如居旧英埃苏丹（Anglo-Egyptian）的孟巴拉（Bambara）人，呼野牛为爹爹。乍得湖（Chad L.）附近土人也有同样习惯。至东非，可找出图腾痕迹的有旧意属索马利兰（Italian Somaliland）住着的索马利人（Somalis），旧德属东非之华喜喜（Wahehe）人，阿比西尼亚（Abyssinia）属内的格拉人（Galas）及薛鲁克人（Shilluk）。东南部维多利亚湖（Victoria L.）西北之巴干达（Baganda）人，有图腾的组织，为众所公认，多以动植物名其部族。刚果（Congo）及北洛得西亚（Northern Rhodesia）区域内之班都人（Bantu），也有图腾的习俗。[1] 南三比西（Zambezi）一带之巴索多人（Basutos）部落中，也颇有类似图腾的组织。南非联邦之霍屯督人（Hottentots），沿居达拉昆斯堡山脉（Drakensberg M.）的布西曼（Bushmen），其社会制度也一致。

南非东边，隔莫三鼻给[2]（Mozambique）海峡的马达

---

① A. A. Goldenweiser: Early Civilization, pp. 285–286.
② 今译莫桑比克。——编者注

加斯加岛（Madagascar）土人社会间，也同样有图腾主义的存在。土人遵守动植物的"禁忌"至严。靠近印度洋居住的卑乞米拉加人（Betsimisaraka），相信其祖先与牛有关，故禁食牛肉。南部各族，有以野猪及羊为祖先者。霍华族（Hova）重要人物的住所，均有鹰的雕刻物竖着。西北部之萨喀拉哇族（Sakalava），每村均有一种特殊的禁忌。又家禽、鳄鱼都被视为神圣动物，鳄鱼及蛇化身为人之传说，遍布全岛。甘内普（Gennep）虽谓"马达加斯岛所发现的都不是完全的图腾制"。[1] 然土人习俗与图腾主义关系的密切，是谁都不能否认。

散布北美各低级文化民族间的图腾制，较非洲尤为普遍，图腾集团间的关系也甚严密。格里克人（Creeks or Muskogees）部族，用动物命名者有熊、豹、野猫、狼、牡、鹿、狐、海狸、虾蟆、鼹鼠等。乃止族（Natchez）及台拉哇人（Delawares）更描写其图腾记号于住所屋宇之上。东部易洛魁各族（Iroquois），同样以动物区别其部族。如龟部族、熊部族、狼部族等，且有"分族"（Phratries）的组织，摩尔根以每一分族由四个部族组成，易洛魁人共分为八部族，即狼、熊、海狸、火鸡为一分族；另一为鹿、鹬、鹭、鹰四部族。[2] 奥日贝人（Ojibways）

---

① J. G. Frazer：Totemism and Exogamy，Vol. 2，p. 636.

② L. H. Morgan：League Iroquois，pp. 78，83.

的图腾制，尤为明显。密执安湖（Michigan L.）与休伦湖（L. Huron）涧居住之阿泰哇族（Ottawas）各种不同的图腾部族，分区居住，竖立图腾柱，以为标记。西南之波厄布罗印地安人（Pueblo Indians），图腾习俗也多。中部密苏里河（Missouri R.），上流居住之达科太人（Dakotas），也有类似图腾制的组织。西北部沿居阿拉斯加（Alaska）湾南岸之德林克特族（Thlinkets），酋长住所，概有奇异的图腾柱。威尔士太子岛（Pr. of Wales I.）及沙罗德后岛（Queen Charlotte I.）上之海达族（Haidas），惯以大乌鸦（Raven）为祖先。英属哥仑比亚（British Columbia）南部之萨里斯族（Salish），又阿拉斯加湾以南与英属哥仑比亚间居住的丁尼斯族（Tinnehs），再北部之爱斯基摩（Eskimo）人的纹身，家室、用具之装饰，均为图腾制的表现。[1]

古代玛雅人的双头蛇神胸饰

---

　　[1]　A. A. Goldenweiser: Early Civilization, pp. 283, 284. J. G. Frazer: Totemism and Exogamy, Vol. 4, p. 12.

南美的图腾制较少，哥伊拉半岛（Goajira Peninsula）上的哥伊罗印地安族（Goajiros Indians）的社会中，微有图腾的痕迹。英属圭亚那（British Guiana）区域内之阿拉华克族（Arawaks），其部族名称，多带自然物的意义。如加鲁夫阿（Karuafoua）为草原地，翁尼雪那（Onishena）为雨或水，高阿奴（Koiarno）为鹿，约波达那（Yobotana）为黑猩猩等。[①] 巴西印地安人（Brazil Indians）的部族，也同样以动植物命名所谓阿那那斯（Ananas）即凤梨树，佛里劳伊拉（Prirauira）即鱼嘴，派沙（Pisa）为网、加拉帕那（Carapana）为蚊、伊比加斯（Ipicas）为鸭等，均为图腾事实。

澳洲土人的社会组织，一般据为图腾制的研究对象。如涂尔干等于图腾制的解释，就全根据出现于澳洲土人社会中的事实。概观澳洲各部族，全都具有图腾习俗。维林古拉（Wilingura）族，把动物当做祖先看待，住在散的大沙漠（Sandy Desert）之西的哇尔巴里族（Walparis），举行图腾仪式也多。中部阿丽斯·斯伯令斯（Alice Springs）一带的阿龙泰（Arunta）人部族间，以动物为图腾的达数百种。佛来则所统计澳洲的七百四十个图腾部族，属动物者六百四十八之事实，即指此地。南部的华拉孟加族

① J. G. Frazer: Totemism and Exogamy, Vol. 8, pp. 566, 567.

（Waramunga），据斯本塞及基伦的记述，关于大蛇的图腾仪式甚多。散布新南威尔斯（New South Wales）区域内之汪即朋（Wonghibon）、维拉求里（Wiradjuri）等族，图腾信仰尤甚。而维多利亚（Victoria）极南端之古拉狄杰马拉人（Gournditch Mara），更有"分族"的组织。更南塔斯马尼亚岛（Tasmania I.）土人则以狗为其祖先，雕刻狗像以崇奉之。

太平洋中诸岛屿土人的社会组织，均采取进步的图腾制的形式。新西兰（New Zealand）之毛里人（Maoris）的图腾习俗甚多。[1] 美拉尼西亚（Melanesia）属如新几内亚（New Guinea）之巴布亚人（Papoues），也以动植物为图腾。新喀里多尼亚（New Caledonia）之喀拿克族（Canaques），新赫布里底群岛（New Hebrides）及所罗门群岛（Solomon Is.）土人的社会组织，均与澳洲人的相类似。斐济群岛（Fiji Is.）上的图腾痕迹，也多得见。玻里尼西亚（Polynesia）属内，三毛亚群岛（Samoa Is.）及马奎斯群岛（Marquesas Is.）土人的图腾禁忌尤严。[2]

散布日本北部的虾夷人（Ainu）的社会组织，虽不能认为完全的图腾制，但日常生活，大部分仍遵守图腾的遗习。据灰野庄平的调查，发现虾夷人的禁忌也与各地图腾

---

① B. Spencerand F. J. Gillen：Across Austsalia，Vol. 2，p. 396.

② J. G. Frazer：Totemism and Exogamy，Vol. 4，p. 11.

民族同样，可分为人类禁忌、姻戚禁忌、食物禁忌等。而酋长又为禁忌的对象，成员对他均有畏惧之心。又举行外婚制，避免血族结婚，相信犯者将被神处以死刑。食物禁忌，据氏所云：

> 由其崇拜鹫及蛇的习惯看来，可知其有不能杀食鹫蛇的无文规律。[①]

同时，据金田一京助的研究，虾夷人所祀的神，均信其为动物的化身，复有神话借以解释。虾夷人神字之音为"哥牟伊"（Kamui）就含鸟兽的意义，尤相信鸟兽原为神出现于人间所借用之姿态；熊神、狐神、鸟神、雀神以至于鱼、鲸、海豚、海马等在神国时也有与人类同样的生活。这与图腾崇拜显然有关。最足表现虾夷人社会组织有图腾主义原意者，即所有的村神，名为"哥单"（Kotan）、"哥罗"（Koro）、"哥牟伊"的，是为村之领有者，其神的姿态为大枭。虾夷人每入森林，听到大枭的叫声，无不畏惧之。[②]

台湾蕃族（高山族旧称）的社会，有很清楚的组

[①] 灰野庄平：《大日本演剧史》148页。（按：氏为考察虾夷人的原始歌舞而渡北海道调查，所著《演剧史》第一编第四章虾夷之生活，即其报告。）

[②] 金田一京助：《虾夷文学》13，73页。

织系统，每族分为若干社，有头目世袭承继。派宛族（Paiwan）中，每家复有家名，且有氏族之别。家名常带自然物之义，小原铁谓其近于图腾的组织。[①] 阿眉族（Ami）的家族名称，具体地负带动植物意义的有：巴止达鲁（Pachitaru）即太阳，拉鲁格斯（Rarugusu）为草。此外，加姆拉拉（Camrami）为蝉，伯巴特鲁（Puptal）为狸之类。

蕃族尚有拜蛇的习俗，其源当出自图腾制，据林惠祥的记述：

番族有以祖先死后灵魂转入动物者，又有谓其族之起源系诞自动物者，由此而发生动物崇拜。如派宛族对于一种毒蛇之崇拜即如是，其蛇属管牙类之响尾蛇科，学名为 Trimerosuriis Linkianns Hilgd，台湾人称之为龟壳花，为台湾最毒之蛇。《台湾府志》云："有文龟壳，啮人最毒。"盖其盘旋栖息时，身上之纹，适合成龟壳形也。派宛族之一支查里先（Tsarisen），称为'卡马华兰'（Kamavaran），派宛本族称为'扶仑'（Vurun），咸加以极敬虔之崇拜，不敢杀害，甚至于酋长之家室中特备一小房以为其巢穴。屋饰器

---

① 小原铁：《台湾土俗志》32，116页。

物，常雕蛇形，其初盖全由于敬虔之念。其崇拜之故，有神话说明之。①

琉球土人的图腾习俗，可由其纹身得见，《皇清职贡图》：

琉球国人，多深目长鼻。男服耕作，营海利。土人结髻于右，汉种结髻于中……妇推髻，以墨黥手，为花草鸟兽形……

中国鄂伦春人在桦皮搭成的住宅"仙人柱"前，
将神象装入树皮盒中挂在树上

① 林惠祥：《台湾番族之原始文化》25，26页。（国立中央研究院《社会科学研究所专刊》第三号）

他如中国南部之苗、蛮、瑶、黎等民族，尚多少地保留图腾的遗习。又以下我们论述图腾艺术时，涉及的各地民族，多不及计。艺术既为人类经济生活的反映，产生了图腾艺术的民族的社会关系之建立于图腾制基础之上，不问可知了。

第三章

图腾的文学

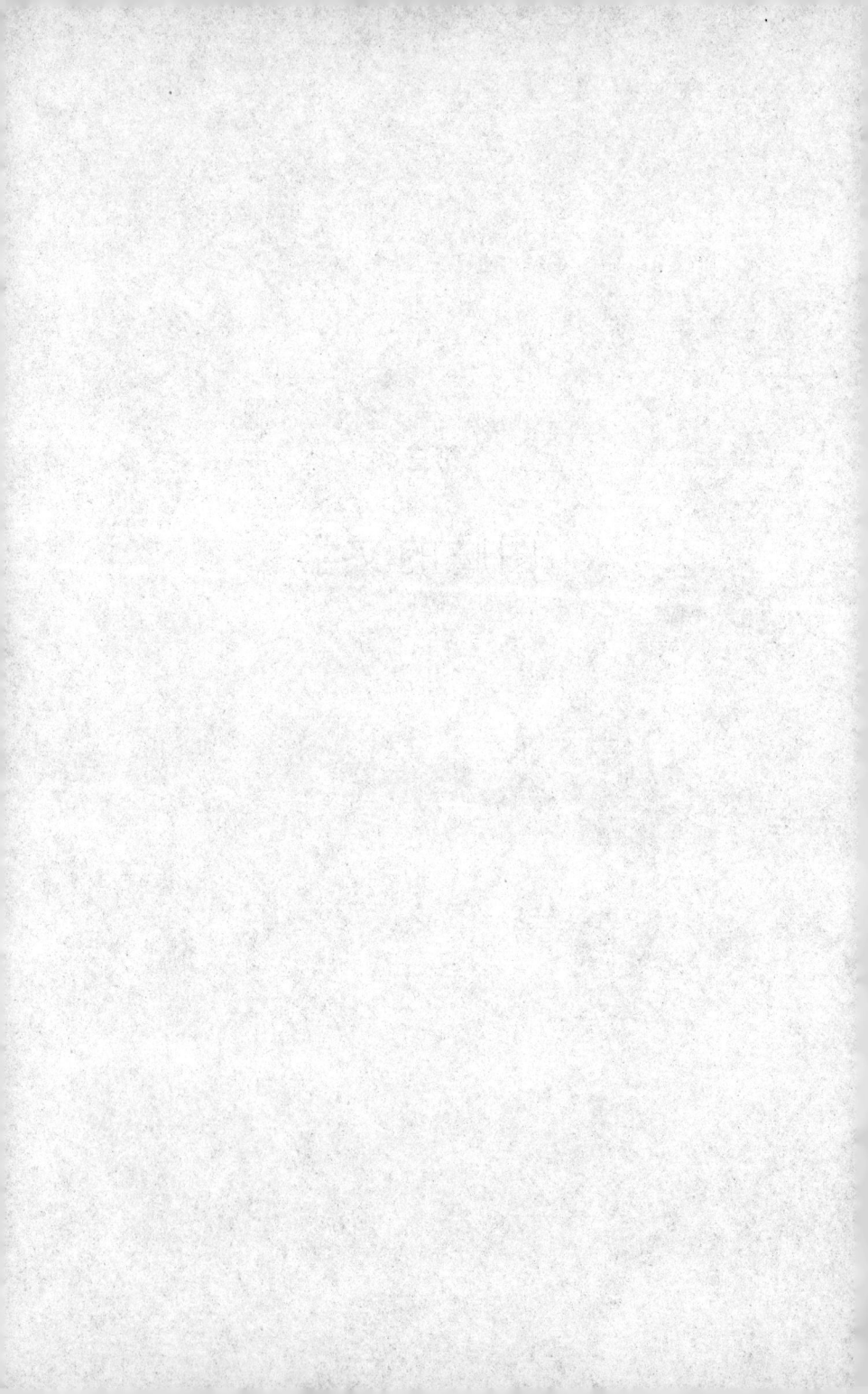

图腾民族的文学，完全不属于文字的描写，而采取语言的表达，互相传播，广布于集团之间。澳洲阿龙泰人各部族的入社式，长老常负有给新成员叙述其部族起源及图腾祖先的历史神话的任务。举行"阴特丘摩"（Intichiuma）（生产）式之际成员也自以歌声传述图腾的故事及图腾的形态。我们所谓图腾的文学，就不外此等神话传说了。

图腾民族的神话传说，充分地表现原始人类集团的狩猎采集的经济生产状态。原始人类，由于经济活动的现实事物的刺激，遂引起动植物结合于人类本身的生产意识化，表露于神话传说之中，故各地图腾民族的天地开辟的传说，一致地属于创造型（The creative type），以动植物为其创造者，或其构成与动植物有关。北美太平洋西北岸的印地安人的银狐创造世界之传说，即属其例，大意如下：

世界开始，地上为汪洋大海，长尾狼及银狐往天上。银狐屡欲创造各种东西，都遭长尾狼的反对。一天，狼外出，银狐取矢凿开天层，探看地上的海水。翌日，其矢从凿开的穴洞坠落海底，银狐随之而下，于水面上造一小岛。狼归，看到狐坐岛上，要求银狐给它一道下到地面，银狐取矢射向天上，狼随之而下。但银狐造成的岛很小，二人几乎住不下来。于是银狐复将足用力一蹈，岛就变大起来，最初蹈东方，次而北、西、南，继续了五日夜的工夫，岛就变为今日所见的那样大。世界创造好了后，银狐又创造人类、动物、树木、泉水等……①

很明显地，相传以银狐为世界的创造者了。德林克特人的传说，沙罗德后等小岛的形状，也与比目鱼有关。即：德林克特一渔人，捕获一尾小比目鱼，置于独木舟中而归家，比目鱼摇动尾部，可把它的身体变大变小。夜间，忽又变为一只精灵，摇尾鼓动地面，大地遂裂开为今日沙罗德后诸岛。② 阿德美拉尔地（Admiralty）群岛土人，也云陆地为蛇所造，其传说是：以前的世界，只是白茫茫的大海，海中住着一尾大蛇。蛇想到如果没有陆地，就非永远不息地游泳不可了。它立即喊叫海底的岩石浮出水面，造成今日的岛地。③ 这都是图腾意识的表现。

然而特别负有图腾用意的，却为由天地开辟的传说分化而来的图腾部族起源的历史神话。无论任何图腾部族，都相信其部族与图腾动植物有密切的血缘关系，或直接承

---

① 松村武雄：《神话传说大系》第十六卷5—8页。
② R. M. Fleming：Stories from the Early World，p. 57.
③ 松村武雄：《神话传说大系》第十八卷217页。

认为部族的祖先，各自具有精细的系统。此等神话传说，反作用于集团间的力量颇大。传说既都对于图腾动植物的崇拜，作具体的解释，集团中成员的信仰，得赖此以完整其一贯的系统，益足巩固其下层经济单位的组织。复次，图腾神话又刻意于劝戒成员遵守集团中的"禁忌"之描写，且由长老于入社式时，向新成员作严重的申述，使集团成员之遵守"禁忌"的意识深度化，由此达到保存食物繁殖之效能。图腾神话传说之于社会进化史过程上，实具有这样特殊的任务。

其解释图腾部族祖先崇拜的传说，约有二典型：

（A）某种动植物化身而为部族之祖先。

（B）人与某种动植物交而生其部族。

古埃及绘画中所描述的关于天空、星星、人、神和大地的传说

（公元前 1400 年）

图腾民族之以动植物变化而为其部族祖先的传说，北美印地安各部族中发见最多。朱克都人（Choctaws）的蜊蛄部族，相传他们的祖先为蜊蛄化身，大意是：

> 蜊蛄原产生地下，住于洞穴之中，有时也掘开泥土而出现于地面。有一次，朱克都人取烟火驱逐它们逃出洞外，朱克都人捉了它们回来，给它们很好的待遇。教它们学朱克都语，教它们取双脚跑路，切断了它们的足趾与爪，拔去身上的毛。其后，这些蜊蛄就为朱克都族的承嗣者。其他的蜊蛄仍然存活在地下为蜊蛄。[1]

易洛魁属于熊与狼部族的人都承认自身为熊与狼变化而来的后裔。奥日贝人却以狗变化而为其族之祖先。属于鹤部族的人，又相传一双鹤鸟飞到苏必利尔湖（Superior L.）急流的地方，变形为男女而生其族。阿玛哈人（Omahas）的野牛部族，则云水牛出水面化身而为其族之祖先。荷萨吉人（Osages）的部族起源，有云：蜗牛之雄者破壳进化为有臂、手、足与腿的男子，与海狸结婚，产生荷萨吉人部族。加利福尼亚印地安人的传说也同为：

---

[1] G. Catlin: Letters and Notes on the Manners, Customs, and Condition of the North American Indians; Vol. 2, p. 128.

神话中的野狼，为其族人的祖先。野狼初时用四脚跑路，后来开始产生人类身体上的东西，如一手指，一指甲，一只眼睛等。不久又变为二只手指，二个指甲，从此逐渐变为完全的人类。又脱掉了尾巴，学会了直坐的习惯。[1]

这都是图腾民族的部族起源的神话传说。新不列颠岛（New Britain I.）土人同此典型的传说，虽较复杂，本质上，还不失图腾神话的原态。云：

特·加比那内（Te Capa-nanai）与特·加鲁维维（Te Karewhiwhia）夜间由海投网，捞得一棵黍树，拿回植于地上。长大之后，一天，裂开而产一女子。他们二人发现了她，就强与她结婚，成为岛人的始祖。[2]

澳洲维多利亚的图腾民族，也相信最初的人类，是从橡皮树的枝与瘤节所变成。[3]新南威尔斯土人也以其祖先为野鹅蛋孵化而生。太平洋群岛的土人

---

① J. G.Frazer：Totemism and Exogamy, Vol. 1, p. 6.

② 松村武雄：《神话传说大系》第十八卷245—246页。

③ Gray, Louis Herberted：Mythology of All Races, Vol. 9, p. 272.

的图腾传说，更具有极美丽的文学特质。纹尼哥罗岛（Vanikolo I.）人的社会中，据李维士①（W. H. R. Rivers）所说，图腾神话，至为丰富，各部族均以自身为其图腾变化而来的后代。如鱼部族的人相信自己来自鱼，水部族的人来自水，其他火、草等图腾的人，也各有同样的传说。②伊利斯岛（Ellice I.）土人也相信岛上最初的住民为獠猪，它的子孙变化而为人类。西里伯岛（Celebes I.）人也云水泡凝固为卵，感受阳光的温暖，孵化为一男子与一美女结婚，产生儿女，是为人类的祖先。此外，台湾蕃族，每一蕃社，必有他们祖先起源的历史传说，鸟蛇化身而为其社祖者甚多。万大社的传说云：

古代台湾北部山中，有周比（Chibe）鸟，栖息于河畔，欲渡河的对岸。时有一乌鸦飞入水中，周比继之而泳。中途，乌鸦溺毙，周比独得生渡。然而再欲返回原岸时，已无乌鸦作伴了。周比忽然变形为一男一女，产生子孙，繁殖而成一族。凡属周比鸟所生的子孙，今日继续着的，都名曰万大社。③

---

① 不同于附录二中的"李维士（Licewise）"。——编者注

② W. H. R. Rivers：Totemism in Polynesia and Melanesia.（Journal of the Royal Anth. Inst. Vol. 39, p. 166.）

③ 中村亮平：《台湾神话传说集》550页。

《后汉书》所言夜郎以竹为姓，其部族祖先传说，也为同一典型的图腾传说。《西南夷传》云：

> 夜郎者：初有女子浣于遯水，有三节大竹流入足间；闻其中有号声，剖竹视之，得一男儿，归而养之。及长，有才武，自立为夜郎侯，以竹为姓。武帝元鼎六年，平西南夷为牂牁郡，夜郎侯迎降。天子赐其王印绶，后遂杀之……"今夜郎县有竹王三郎神是也。

其次，以人与动植物交而生图腾部族的传说，北美、非洲各图腾民族间，发见尤多。德林克特人谓其族来自人与熊的交合。柏柏人也自云祖先与鳄鱼结婚，由是而子孙蕃衍。北美的人蛇结婚，人熊夫妇型的传说，更为多见。海达人的部族起源传说为：大乌鸦酋长从海滨拾得一只海贝，与它结了婚，海贝产生一雌海贝，酋

美索不达米亚乌鲁王陵出土的苏美尔工艺品：竖琴上的牛头饰（公元前 3000 年）

长又娶她为妻。从此，产生了印地安人，[①] 阿拉斯加一带的萧克士族（Sitcas）同样相信他们的祖先萧克士与雌熊结婚而生其族云：

> 以前，萧克士入山，遇一只雄熊，萧克士为熊所捕，抱入熊穴。穴中的雌熊不特不伤害他，且把他隐匿起来，避免雄熊的噬害。后来萧克士与雌熊结婚，产生许多男孩子。久之，萧克士怀念家中的爱妻，雌熊允他回家一行，约定即日归洞。萧克士归家，恢复了人间的生活，忘记了雌熊。过了几天，雌熊跑到萧克士的家，咬死萧克士夫妇，独自归了洞穴，养育她与萧克士所生的孩子。雌熊就成为今日萧克士一族人的祖先。[②]

阿止符常人也有传说他们为名曰獭心（Otter-Heart）者所生之子孙。非洲图腾民族，关于此典型的传说，间有以动物变身为美女而后与人类结合。佛来则曾说天鹅处女、美女野兽等型的民间故事，或渊源于此。[③] 如西非黄金海岸（Gold Coast）伯拉河（Prah R.）口，查马市

① F. Poole：Queen Charlotte Islands，p. 136.

② 宫武辰夫：《阿拉斯加所见原始艺术》19—20页。

③ J. G. Frazer：Totemism and Exogamy，Vol. 2，p. 570.

（Chama）的青花鱼族（Horse-Mackerel）的人，即传说其祖先与青花鱼人结婚而生一族。阿比族（Appei）之起源的传说，也是：

> 有一人名印撒那（Insanna）者，夜间外出打渔，获一尾Appei类的鱼而归，印撒那将要把它杀掉时，鱼道："请不要杀我，我将为你的妻子，你就是我的丈夫。"Appei鱼不久变为一个美丽的少妇。他们以后产生子孙，今日的阿比族即为其后裔。①

婆罗洲（Borneans）人同典型的传说中，更含有劝戒成员遵守"禁忌"之意，云：

> 一老人外出打渔，得鱼（Puttin）一尾，置于船中，忽变为美丽的女孩。老人想到她长大起来，可以配给他的儿子为妻子，就带她归家，教养她成人。她也同意与老人的儿子成为夫妇，但她忠告她的丈夫，不许给她虐待。结婚之后，他打了她，她认为违约，逃入水中。仅留下她的女儿。这个女儿，就是婆罗洲

---

① A. B. Ellis: The Tshi-Speaking People of the Gold Coast, pp. 207，208.

人最初的母亲。①

　　佛来则尚引述维希（G. Viehe）所记希利罗人（Herero）太阳部族与雨部族的起源传说，其中虽无显明的描写，而实质上仍不出人与图腾交合的一型。即说：有姊妹二人，她们的叔父亡逝了。一说要等下雨才举行葬式，因为气候很热，另一人则不怕太阳的热燄而出去举行葬式。因此，前一人被称为与雨有夫妇的关系（Omukuen-ombura），后者被称为与太阳有夫妇的关系（Omukuejwva），从此产生了雨与太阳两部族。② 西非图腾诸部族之猎人与美女动物结婚的传说也多，栗鼠美女的故事，被特拉（Duala）人作极精细之描写，梗概如下：

　　——一猎人获一栗鼠，取之归家，其妻悬之于灶边。不久，猎人之妻忽逝，栗鼠变身为一妇人，代猎人料爨事，事毕，复归栗鼠形。猎人返，栗鼠又急变为妇人，被猎人所发见。乃对之曰："畜兽！汝取人形出现于我前，我已知之。惟我不欲汝再变兽类；我爱汝，从今起汝为我妻。"栗鼠曰："但我有一条件，从此汝

　　① The Bishop of Labuan：Wild Tribes of Borne.（Transations of the Ethnological Society of London，Vol. 2，p. 26.）

　　② J. G. Frazer：Totemism and Exogamy，Vol. 2，p. 361.

勿称我为兽，盖我已人类矣。若应允则可成夫妇。"
于是猎人与栗鼠结婚，即今所见之栗鼠家族也。①

属于此典型的图腾传说，
也可寻于古代诸民族的神话中。
如希腊人相传妇人妊娠，不与
性交有关，而以附着魔术之水
向妇人的身上淋洒，便可怀孕。
埃及之鹰人相交的神话，尤为
众所称道。且古代埃及人尚相
信皇后必与神鹰交合，始能产
生第二代的王子。部族中又有

古埃及新王朝"死者
书"中的人头鸟身神
（公元前 15 世纪）

一定的节日，选出妇女与鹰鸟结合。克里特人（Cretans）
也同样有雄牛与妇女交合，可使部族成员繁殖的传说。②
中国上代诸民族的起源传说，如商族的玄鸟，尤类似德林
克特人的雷鸟故事，《诗·商颂》云：

天命玄鸟，降而生商。

---

① J. G. Frazer：Totemism and Exogamy，Vol. 2，p. 568.
② 胡愈之译：M. Besson，《图腾主义》69，71页。

《竹书纪年·殷商成汤》：

> ……初高辛氏之世，妃曰简狄，以春分玄鸟至之日，从帝祀郊禖，与其妹浴于玄丘之上。有玄鸟衔卵而坠之，五色甚好。二人竞取，覆之以二筐。简狄先得而吞之，遂孕。胸剖而生契。长为尧司徒，成功于民，受封商……

可知商族初期，当有图腾的体制无疑。至汤，商族社会组织早已转为氏族制，而图腾传说仍被保留。可作图腾信仰的一切特征，是为氏族制的祖先信仰的渊源之一证。

史书所附边裔各族的祖先历史传说，类此典型的甚多。约略举之：

《后汉书·南蛮传》：

> 昔高辛氏有犬戎之寇，帝患其侵暴，而征伐不能克，乃访募天下有能得犬戎之将吴将军头者，购黄金千镒，邑万家，又妻以少女。时帝有畜狗，其毛五彩，名曰槃瓠。下令之后，槃瓠遂衔人头造阙下。群臣怪而诊之，乃吴将军首也。帝大喜，而计槃瓠不可妻之以女，又无封爵之道，议欲有报而未知所宜。女

闻之，以为帝皇下令，不可违信，因请行。帝不得已，乃以女配槃瓠。槃瓠得女，负而走入南山，止石室中。所处险绝，人迹不至。于是女解去衣裳，为仆鉴之结，著独力之衣……经三年，生子一十二人，六男六女。槃瓠死后，因自相夫妻。织绩木皮，染以草实。好五色衣服，制裁皆有尾形。其母后归，以状白帝，于是使迎致诸子。衣裳斑阑，语言侏离，好入山壑，不乐平旷。帝顺其意，赐以名山广泽。其后滋蔓，号曰蛮夷。

《隋书·突厥传》：

……其国失于西海之上，为邻国所灭。男女无少长，尽杀之。至一儿不忍杀，刖足断臂，弃于大泽中。有一牝狼，每衔肉至其所。此儿因食之，得以不死。其后遂与狼交，狼有孕焉。彼邻国者，复令人杀此儿。而狼在其侧。使者将杀之，其狼若为神所凭，欻然至海东，止于山上。其山在高昌西北，下有洞穴。狼入其中，遇得平壤茂草，地方二百余里。其后狼生十男。其一姓阿史那氏最贤，遂为君长。故牙门建狼头纛，示不忘本也。

《后汉书·西南夷传》：

哀牢者：其先有妇人，名沙壹，居于牢山。尝捕鱼水中，触沈木若有感，因怀妊。十月，产子男十人。后沈木化为龙，出水上，沙壹忽闻龙语曰："若为我生子，今悉何在？"九子见龙惊走，独小子不能去，背龙而坐。龙因舐之，……及后长大，诸兄以九隆为父所能而黠，遂推以为王。后牢山下有一夫一妇，复生十女子。九隆兄弟皆娶以为妻，后渐相滋长……

《魏书·高车传》：

高车，盖古赤狄之余种也。……俗云：匈奴单于生二女，姿容甚美，国人皆以为神。单于曰："吾有此女，安可配人？将以与天。"乃于国北无人之地筑高台，置二女其上，曰："请天自迎之。"经三年，其母欲迎之，单于曰："不可，未彻之间耳。"复一年，乃有一老狼昼夜守台嗥呼，因穿台下为空穴，经时不去。其小女曰："吾父处我于此，欲以与天，而今狼来，或是神物，天使之然疝将下就之。"其姊大惊曰："此是畜生，无乃辱父母也。"妹不从，下为狼妻而产子，后遂滋繁成国。故其人好引声长歌，又似狼嗥。

《后汉书·东夷传》：

> 夫余国，在玄菟北千里。南与高勾骊，东与挹娄，西与鲜卑接，北有弱水。地方二千里，本涉地也。初北夷索离国王出行，其侍儿于后妊身。王还欲杀之。侍儿曰："前见天上有气，大如鸡子来降我，因以有身。"王囚之。后遂生男。王令置于豕牢，豕以口气嘘之，不死；复徙于马栏，马亦如之。王以为异，乃听母收养，名曰东明。东明长而善射。王忌其猛，复欲杀之。东明奔走。南至掩㴲水，以弓击水。鱼鳖皆聚浮水上，东明乘之得渡。因至夫余而王之焉。

图腾民族于图腾"太布"（Taboo，禁忌）之遵守，除传说其为部族祖先一理由外，尚有以下二典型的神话传说，藉以解释禁止杀害神圣的动植物之规定。即：

（A）某种动植物有功于部族。

（B）某种动植物为部族中的成员。

前者多相信神圣的动植物为从灾难中救助其部族祖先的恩人。非洲芳特斯人（Fantees）的图腾部族的鹦鹉传说云：

> 作为芳特斯人部族祖先的一妇人，出嫁远地。一

日重归故里，途中遇强者欲杀之。时适有一鹦鹉放声叫喊，强者以为救助她的人至，才放过了她。妇人感鹦鹉救命之恩，对鹦鹉极为崇敬。从此形成了芳特斯人崇拜鹦鹉的习俗。[①]

烈特（Liti）、摩阿（Moa）、勒可（Lakor）诸岛土人之尊敬鲨鱼，且禁食其肉，也因为鲨鱼过去曾救助他们的祖先于海中。[②]斐济岛上的禁忌，每种都具有解释其所以的传说。朝鲜人的大鳖传说，也同此型，《隋书·高勾丽传》：

> 高勾丽之先出自夫余，夫余王尝得河伯女，因闭于室内，为日光随而照之，感而遂孕，生一大卵，有一男子破壳而出，名曰朱蒙。夫余之臣以朱蒙非人所生，咸请杀之，王不听。及壮，因从猎，所获居多，又请杀之。其母以告朱蒙，朱蒙弃夫余东南走，遇一大水，深不可越。朱蒙曰："我是河伯外孙，日之子也；今有难，而追兵且及，如何得渡？"于是鱼鳖积

---

① A. Ffoulkes：The Fanti family System.（Journal of the African Society，Vol. 7，No. 28，p. 397.）

② J. G. Frazer：Totemism and Exogamy，Vol. 1，p. 8.

而成桥，朱蒙遂渡，追骑不得济而还。朱蒙建国，自号高勾丽。

贵州花苗，也以鹰为神鸟，传说也颇似其型。即：

> 太古的时候，兄妹二人，结为夫妇，生一树，树又生桃、杨等，因其种类殊异而附以不同的姓名。如桃树姓桃名 Ché Lá，杨树姓杨名 Gai Yang。桃、杨等后分为九族，互为夫妇，遂滋蔓成今日的苗族。九族的祖先即：Mungá Chántai，Mun Bān（青苗），Mun Lō（黑苗），Mun Lai（红苗），Mun Lái（白苗），Mun Ahália，Mnian，Mun Anjū。各分住于二山之上，二山之间，隔着一个大洞穴，其后全族尽陷入洞穴之中。时有一鹰（Lan palè）从天上飞来，救出他们，苗族从此得以散布四方。苗族根据了以上的理由，崇拜鹰为神鸟，以谢其恩。[1]

又有以其神圣动物为部族人生活必需品之发见者，供给者，或成为部族中行巫之医生。北美特新西人（Tsimshians）熊部族的图腾记号起源的传说，就有熊助

---

① 鸟居龙藏：《苗族调查报告》。（东京帝国大学理学部人类学教室报告第二编43—44页）

其部族取获食物之意。据波亚斯所记：

　　　　一个印地安人出猎山羊，遇一黑熊，猎人被熊带
　　返熊洞。熊教他捉鲑鱼及造独木舟的方法。猎人住了
　　两年，变为熊的样子，复归故里。村人都畏而远之，
　　惟一人勇敢，带他回家，取魔术草药擦他，使他恢复
　　人的形状。从此之后，他每外出狩猎，他的熊朋友便
　　来帮助他。就是河水结冰的冬季，他也能捉到鲑鱼。
　　他因此自建一屋宇，绘熊形于前面……①

　　澳洲人的袋鼠，华拉孟加人的大蛇，北美阿拉斯加土
人的雷鸟的传说，也同以其动物于部族有特殊的贡献。他
们关于雷鸟传说：

　　　　以前印地安人没有固定的住所，后有智者发明
　　了建屋的办法。先竖立了许多柱子，最后要把一枝长
　　八十余尺的梁架于其上，众人都苦没办法。天上的雌
　　雷鸟知道了，就用她那大而且曲的嘴钩，衔着梁子，
　　架到柱子上面，美丽的屋宇赖以完成。②

　　① F. Boas：Fifth Report of the Committee on the North Western
Tribes of Canada, p. 24.
　　② 官武辰夫：《阿拉斯加所见原始艺术》226页。

新西兰人敬鸟，相传鸟的卵裂开为独木舟，岛人的祖先，乘之得渡新西兰岛地。[①] 易洛魁人敬蛇。也云蛇有魔力，治愈部族中的病人。属于此类的图腾传说至多。

再，以某种动植物为部族中的成员之传说，内容都置于人类与动植物有血缘关系的基础之上。南澳洲各图腾部族，一概承认图腾动物为具有人的性质的亲属，如父亲、兄弟等等。有人杀害了它，土人必质问道："你为什么杀死一个人？"或"何故杀死我们的父亲、或兄弟？"北美荷萨吉人视杀害一只熊如杀害其部族的成员同样。秘鲁印地安人（Perunian Indians）也以鱼类为其兄弟，不能加以杀害。[②] 婆罗洲戴雅克（Dyak）人则传说鸟为酋长之妻，而须崇敬鸟类者，其故事为：

　　一个名叫做西酉（Siu）的酋长，与一位美丽的女子结婚，她为鸟的变形，酋长概不知道。结婚之前，她对他提出一个条件，永不可杀害鸟类，或捕鸟置于手中，否则，她就不能与他成为夫妇。他们结婚后，酋长一天忘记了这个规约，捕拿鸟类且打了它。

　　① J. S. Polack：Manners and Customs of the New Zealand，Vol. 1，p.17.

　　② J. G. Frazer：Totemism and Exogamy，Vol. 4，p. 174.

他的妻子立即一去不返了。酋长与他的儿子出家找寻她，终于在灵魂世界的支配者之家中看到她，但她已再不能与酋长回家。酋长离开她之前，灵魂世界的支配者，便教他们以后要恭敬神圣的鸟类。[①]

这个故事，尚含有劝戒的用意。海达人又以大乌鸦与酋长的身份，连结为不可分离的状态。他们的传说，大乌鸦部族的第一代酋长为大乌鸦所化身，传说的梗概如下：

> 以前，海面浮现一大鲸，张口呼吸空气。绕飞空中的一只乌鸦，错入鲸鱼的口中。乌鸦智能十足，旋将鲸鱼击毙于海岸。附近的土人发现鲸鱼尸骸的腹中有乌鸦的歌声，极为惊异，遂剖开鲸腹，大乌鸦飞了出来。村人称赞它制胜鲸鱼的勇敢，共同推它为族中的酋长。大乌鸦自此变形为人了。[②]

印地安人尚有战士变蛇的传说，故于蛇均不敢伤害。即：

---

① Rev. E. H. Gomes：Two Dyak Legend.（Journal of the Straits Branch of the Royal Asiatic Society，No. 41，pp. 12–28.）

② 宫武辰夫：《阿拉斯加所见原始艺术》70页。

二十个印地安战士，从战场归家。途中杀一大蛇而食其肉。食蛇肉者都变为蛇，惟一人不食，得仍存人类的原形。蛇们对他却很亲密，教他以魔术与咒文，后来请他用布包它们到山上，并约期夏季，它们就

迈锡尼科纳克庙中手持双蛇的女神

会重归故里。期至，蛇们果然来了，那个战士知道蛇们就是他们的同族兄弟所化身，告知了村人。村人抱着它们的身体，抚慰一回。蛇们又教村人以魔术。冬天到了，蛇们又他去。[1]

由于此等神话传说的束缚，图腾民族的成员，对于图腾"太布"的遵守，益加严密了。

---

[1] 松村武雄：《神话传说大系》第十六卷323—325页。

此外，图腾民族之一切习俗，也各有传说存在其间，如图腾柱的来源，入社式，死葬式的起源，何故而纹身、毁齿等神话，传播的地域颇广。

第四章

图腾的装饰

图腾集团的组织，完全建筑于平等劳动的原则之上，成员的日常服饰、住所装饰、用具样式，也作划一的表现，即以模仿图腾动物为目的的施行"图腾同样化"（Assimilation of Totem）。正如佛来则所云：

> 图腾部族的成员，为使其自身受到图腾的保护，就有同化自己于图腾的习惯，或穿着图腾动物的皮毛或其他部分，或辫结毛发，割伤身体，使其类似图腾，或取切痕、黥纹、涂色的方法，描写图腾于身体之上。北美印地安人的身体，每有描写动物的图象，（如野牛、海豹、龟、蛙、鸟之类）。此种精神状态的表现，正可以图腾信仰解释之。[①]

住所屋宇、武器、用具，也取图腾画雕刻描写图腾记号于其上，形成一种特殊的艺术活动。兹分三项略述，即：

（一）固定的身体装饰——纹身、结发等。

（二）不固定的身体装饰——衣物、化装等。

（三）一般装饰——住所、舟车、用具等。

图腾民族的固定身体装饰，最普遍而显示图腾意义最

---

① J. G. Frazer: Totemism and Exogamy, Vol. 1, pp. 25, 26.

身涂白粉条纹，头戴狮鬃的非洲马赛人
准备参加一年一度的勇士竞选

深浓的，当属身体敷痕（Body Marking）。含伯利别身体
敷痕为三类，即涂色（Painting）、切痕（Scarifying）、黥
纹（Tattooing）。据氏的研究，三类中，涂色的渊源最远，
次为切痕，黥纹最后。[1]

澳大利亚土著的身体涂色

　　身体涂色，澳洲图腾民族，至为普遍，或用单一色
彩，遍涂周身，或取复彩，描写图腾的图形。后者惯作象
征的描写，或作动物某一部分以代表其全体。南澳斯本塞
湾一带之伯尼开拉人（Parnkalla）的入社式，袋鼠部族
的人背上绘着三个圆周，两臂间又各作二小圆，代表袋鼠
的眼睛，下端有一圆，象征袋鼠的嘴。余用几何纹样。阿
龙泰人，举行图腾仪式之际，各图腾部族的青年，都取

---

　　① W. D. Hambly：The History of Tattooing and its Significance
with Some Account of Other Forms of Corporal Marking，pp. 308–312.

红黄色的泥土或石膏，正确地描写自己的图腾记号（即Ilkinia）于背上，有太阳纹样、水纹样，对称地，排列着无限的线条，错综复杂，尤多费解。[①] 华拉孟加人的"伏龙魁"（Wallunqua）蛇节，跳舞者也用色彩涂身，象征大蛇。北美印地安人所绘动物形象，较为明显，入社式之外，跳舞集会，生老死葬诸仪式，也作身体涂色。英属哥仑比亚一带土人，常于脸颜绘描动物形象，酋长的身体上，尤须具有代表其图腾的彩画。摩魁斯（Moquis）的竞走、跳舞集会，部族成员，各颜其图腾记号于胸部、背部，以资标识；野牛部族的人，脸部与胸部，都绘野牛头。[②] 海达人的脸部，同样的各自涂上图腾的记号，据波亚斯所述：颜料为黑、红、绿及青色混以脂膏。有极自然地，用红黑二色描写鱼形于脸上者，鱼的头部直向额间，尾端伸于其颊，其余部分，作于额与颊之间。复有绘黑色杀人鲸于右眉间，左眉上作一红色鲸鱼。又在其脸颜之右边，以红黑二色绘一鲑鱼形。或在前额描写红黑色的章鱼形象。其他绘太阳、月亮、黄昏的天空及云等象者也有之。[③] 德林克特人各部族成员，也描写其图腾记号。惯用红、蓝、黄、

---

① B. Spencer and F. J. Gillen: Across Australia, Vol. 2, pp. 287, 288.

② J. G. Frazer: Totemism and Exogamy, Vol. 1, p. 29.

③ F. Boas: Facial Paintings of the Indians of Northern British Columbia, p. 13. With Plates 1–4.

青颜色，取线条，点子，或粗涂，造为下列谱形象。即：乌鸦翼、乌鸦足迹、鹅头、鲸鹗、鲸尾、狼嘴、鼠足、熊爪、熊的足迹、熊血、海豹、蚰蜒、太阳、星、山、岩石、云、海波、冰块、独木舟等。或以动物、鱼、鸟类的实象，绘满脸部。例如，杀人鲸、海豚、鲑鱼、黑海鳖、鹅、鹄、善知鸟之类。[1]

出战的时候，也有涂色的施行，北美荷萨吉族，分为和平（Chee-Zhoo）与战争（Hang-ka）二部分。战争之际，属于和平部分的人，用左手持红泥，涂于左颊；属于战争部分的人，用黑炭涂右颊。[2] 据荷金孙（Hodgkinson）的报告：澳洲马克来河（Macleay R.）两畔的土人，战斗时，一方面队伍中的人，以红色作纹样于身体上，其用意，除区别友敌外，也有藉图腾的图象附着之力，为斗争的护符。

切痕，即用刀切开皮肤，敷痊后，使显露出伤痕为目的，也与图腾有关，惟所代表的意义，非同一图腾部族的人，不可了解。澳洲图腾民族的切痕，多施于胸、腹、背三部分，四肢间也有之。伤痕为横排列之线条；施于四肢者，则与肢体平行。托列斯海峡（Torres Strait）一带

---

[1] J. R. Swanton：Social Condition，Belief，and Linguistic Relationship of the Tlingit Indians，p. 418.

[2] J. Owen Dorsey：An Account of the War Customs of the Osages，p. 132.

土人，两肩都作马蹄形之伤痕，且因年龄而各异创痕的纹样。昆士兰（Queensland）土人的切痕也依年龄而异，规定年龄以下的儿童，都没具有切痕的资格。安达曼群岛（Andaman Is.）土人，逾八岁的儿童，全都施行切痕，十六至十八岁之间，已达完成的期限。[1]

澳洲土人于入社时施行切痕，被切伤皮肤的青年，一律安静地忍受其痛苦，或云为夸耀青年刚锐的勇气之意。

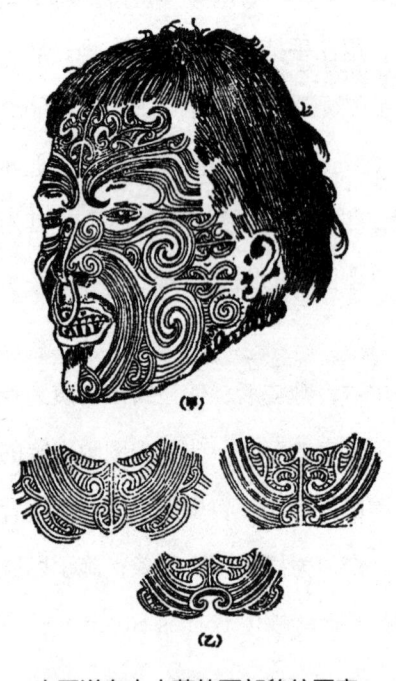

（甲）

（乙）

太平洋岛中土著的面部貌纹图案

事实上，入社式的切痕，为给与图腾祖先考察青年是否具有成年能力的一种试验，正如涂尔干所说："她确系研究新入社者的价值之手段，且又使神明裁判（Ordeals），而许以宗教的社会价值。"被神明裁判的青年，就非忍耐痛苦不可的了。

① Journal of the Anthropological Institute，Vol. 12，p. 333.

涂色与切痕的皮肤装饰，技术较为简单，黥纹则将墨色黥刺于皮肤，成为纹样，完全综合了涂色与切痕的要素；同时，纹样的描写技术上，无论写实或象征的表现，也远非前二者可及。

黥纹描写，一般也以图腾图象为目的，北美、非洲土人，而至东方古代民族间，均可找出黥纹艺术存在的事实。部位有脸部、体部、四肢不等。北美海达人各图腾部族，用黥纹手术，按照一定的纹样，作其图腾记号于腿、臂及胸部，手与双腕的背面，尤为常见。有比目鱼、鳖鱼，"华士哥"（Wasko——神话中的精灵）蛙、蜂雀、乌鸦、熊、月亮、虹、蜻蜓、星鱼、鲆鱼、雷鸟、杀人鲸、牛尾鱼、狗鱼等，其中有写实形者，精确的程度，至足惊人。[1]易洛魁部族，也同样的举行黥纹。奥日

毛利人的黥面

---

① J. R. Swanton：Contribution to the Ethnology of the Haida，p. 141. With Plates 20, 21.

贝人，多黥纹于两颊或额前，表示图腾所属。阿先尼波人（Assinibois），所黥刺之花纹为蛇、鸟的形象。南太平洋的黑利（Herrey）人的黥纹，惯作的形象，也为二种不同的鱼类，正是他们的图腾动物。①

爱斯基摩的黥纹术，尤为进步，纹样都作象征之描写。妇女黥于两颊，下颚作无限的小圈点于扇形的线条，黥于手者，颇类蜗牛形。

苏丹托波沙妇女黥面，挂着唇丝，铁丝脖圈表示已婚

中国古代各民族的纹身习俗，也颇足代表图腾记号或宗教魔术的用意。《史记·吴太伯世家》：

太伯、仲雍二人，乃犇荆蛮，文身断发，示不可用。

《汉书·严助传》云：

① J. G. Frazer：Totemism and Exogamy，Vol. 1，p. 28.

越，方外之地，断发文身之民也。

《汉书·地理志》：

粤地（越）……其君禹后，帝少康之庶子云。封
于会稽，文身断发，以避蛟龙之害。

据顾颉刚的解释：

楚、越一带，因林木繁茂，土地的卑湿，人类与
龙蛇同居，饱受了损害，……当时吴越人之所以断发
文身，乃是起于保护生命的要求，其效用与动物的保
护色相等。①

纹身起源于保护生命之要求，可视为合理的解释，惜
顾氏不解图腾同样化的意义，而取生物学的说明，尚距真
理一步。原来图腾民族的黥纹，以图腾图象附着于身体之
上，即代表图腾祖先的存在，赖此发生魔术的保护力，避
免蛟龙之害。故上举诸书的纹身记述，其描写的对象，依

---

① 顾颉刚编著：《古史辨》第一册123页。

然不外图腾动物为主，或且藉以模仿动物之形态。《淮南子》云：

> 九疑之南，陆事寡而水事众，于是人民断发文身，以象鳞虫。

高诱注曰：

> 文身刻画其体，纳默其中，为蛟龙之状，以入水蛟龙不能害也。

又《后汉书·西夷传》：

> 种人皆刻画其身，象龙文，衣著尾……

《隋书·东夷传》：

> （琉球国）……妇人以墨黥手，为虫蛇之文。

《魏书》亦云倭人纹身：

> （倭人）男子无大小，皆黥面文身。自古以来，

其使诣中国，皆自称大夫。夏后少康之子，封于会稽。断发文身，以避蛟龙之害。今倭人好沉没捕鱼蛤：文身亦以厌大鱼水禽，后稍以为饰。诸国文身各异，或左或右，或大或小，尊卑有差。

中国古籍《古今图书集成》中的苗族黥纹

其所黥刺的纹样，也与北美人的一致。又，海南岛的黎民纹身，由传说看来，尤可知其系遵守图腾遗习。《海槎余录》：

黎俗：男女周岁，即文其身；不然，则上世祖宗不认其为子孙也。

所谓"上世祖宗不认其为子孙"，不外以黥刺图腾记号，为加入图腾集团之形式的遗制。妇女也有绣面之俗，《广东通志》卷二八：

> （黎俗）……绣面乃其吉礼。女将及笄，置酒会亲属，女伴自施针笔，涅为极细虫蛾花卉，而以淡粟纹编其余地，谓之绣面。

张庆长《黎歧纪闻》也云：

> ……女将嫁，面上刺花纹，涅以靛，其花或直或曲，各随其俗。盖夫家以花样予之，照样刺面上以为记，以示有配而不二也。

身体敷痕之外，结发、镶唇、穿鼻、毁齿，也为图腾民族模仿图腾的身体装饰。

中国海南岛黎族少女由有经验的老年人黥面

北美印地安各部族，结发以象征其图腾的，如：阿马哈人（Omahas）的野牛部族人把头发竖直起来，长约二吋，而延蔓于两耳之间，代表野牛的背。鸟图腾的人，结一小辫，盖于头额，以象鸟嘴，脑后留置多少，扮为鸟尾，两耳间也梳小辫，象征鸟的两翼。海龟部族的成员，又一致地把头发剃掉，只留六条辫子，四条置于左右两旁，一条伸向前额，一在背后，即为龟的足、头、尾各部分之模仿。[①]

我国贵州苗族，尚有同样的习俗，《说蛮》云：

（黔苗）狗耳龙家，居深林。荇莽衣，尚白。束发

① J. G. Frazer：Totemism and Exogamy，Vol. 1，p. 27.

不冠。善石工。妇人辫发螺髻，上若狗耳，故因以名。

辫发如狗，而得狗耳龙家之名，自系颠倒因果，我们宁可说为其族因以狗为图腾，结发始有模仿狗耳的表现。《说蛮》又云：

罗罗，本卢鹿（彝族旧称），有黑白二种……其人深目长身，黑面白齿，青囊，笼发而束于额，若角状。

图长哈美人头戴羽毛，口安唇盘，面涂红色的传统打扮

所云角状，或即模仿鸟类的头部，也未可知。他如《山海经》所记之鸟身人面、兽身人面，因以得兽名等等，

释以图腾之义，也无大错。

镶唇以非洲乍得湖一带的土人为习见，取木板两片，镶于唇的上下，或为蛋圆形，或为鸟塘形。概在出生后不久举行，初时镶上很小的模型，达成人年龄，始改换固定的模型，大者直径约十英吋左右。波特克多（Botocado）人儿童概从七岁起，即施镶唇。[①] 北美印地安人则惯用骨片、象牙、贝石等插于下唇之上，也系镶唇之另一形式。

巴布亚—新几内亚人用甲壳制成的鼻饰

澳洲土人的穿鼻习俗，随地都可发见，大都穿通鼻梁，插入木条或骨片，赖以区别图腾的记号，或祈求图腾的保护。[②] 而穿鼻的施行，也与切痕同为构成入社式的重要手续。此等富于图腾意义的装饰，还可见于新几内亚的土人中。

　　① Bancroft：Native Races of Pacific States，Vol. 1，pp. 47，48.
　　② T. L. Mitchell：Three Expeditions into the Interior of New South Wales，Vol. 2，p. 339.

毁齿：非澳二洲的图腾民族多行之。北刚果的土人或磨锐牙齿，或毁损上列正中的牙齿，或拔去一部分。据他们的解释，为着模仿斑马、猫、鳄鱼的牙齿而出此。澳洲的开西斯（Kaitish）人，多毁去上排最前的二牙，斯本塞及基伦目睹的事实：他们用石或锤子毁坏牙齿后，还举行秘密的仪式，拔出来的牙齿，也抛到秘密的场所。①

南太平洋群岛的南巴人例行的毁齿仪式

其次，请述图腾民族的不固定的身体装饰。

世界的图腾民族，因有地理环境的不同，其日常服装也随地而异。北美印地安人，处于北纬五十度至八十度间，气候严寒，不能不具皮毛衣物，以蔽其身。非、澳两洲土人，多处热带，都赤裸全身，只有头、耳、颈、手、足等部位附着的物件，可称为装饰物品，然而图腾同样化的用

① B. Spencer and F. J. Gillen：Across Australia，Vol. 2，p. 332.
Figs. 173，174.

意，则同出一源。

印地安人诸部族，各取图腾的皮毛制造衣服。缅尼特里（Minnitarees）人曾用完整的狼皮为衣服，狼尾披在背后，中间割开小孔，穿于人的颈上，狼头悬于胸前。路易士（Lewis）与格拉克（Clarke）旅行密苏里河（Missouri R.）一带，亲看到特顿印地安人（Teton Indians），取乌鸦的皮毛为衣，以其尾毛束于背后。头上又戴上

图腾民族的跳舞化装

乌鸦的皮毛，结为二束而突出额前。[①] 阿拉斯加一带土人，也多取动物的毛与植物的纤维织成有图腾纹样的裙衣。

澳洲土人的头部，取图腾的皮毛装饰者，间有发见，鸟毛，袋鼠毛，因图腾不同而各异。非洲布西曼，据伯恩斯（Pains）所言，曾见一人用食肉鸟的头部为冠，又一人

---

① Lewis and Clarke：Travel to the Source of Missouri River, Vol. 1, p. 123.

戴上乌鸦的头。① 日遮利亚（Nigeria）的土人，也有同样的习俗。

颈部带着的装饰物，非洲人有赖之以保护性命之意。颈部相接于头部与躯干，原始人视为性命关键之所在，故必在其上套以咒物，行超自然力的"互拒魔术"（Antipathetic Magic）而保护之。图腾民族，尤多选择图腾的一部分，充当颈饰的咒物。如布西曼，取动物的齿、角，或贝壳、龟壳等悬于颈间。澳洲人也围以袋鼠毛，或将袋鼠的齿牙穿成 V 字形，佩于胸间。② 无疑地，都为求祐于图腾的魔术行为。

图腾民族的跳舞化装

图腾仪式或跳舞集会举行之际，一般图腾民族的不固定身体装饰，较诸日常所见者，稍为丰富。澳洲人的入社式，成员均用彩土、羽毛、树叶等材料，装扮成图腾的姿态。井美辛人在一个图腾仪式集会中，鸵鸟、草种子、水各图腾部族的人，于背后作模仿图腾

---

① Pains：Explorations in South West Africa，p. 143.

② G. F. Angas：Savage Life and Scenes in Australia and New Zealand，Vol. 1，pp. 92–98.

的装饰。草种子的人背上披着的是：一幅大的红带子，白色镶边，由胸前盖过头部而垂及背后，表面作象征未萌芽的种子的纹样。还有白边的红圈子，堆于背部与胸部，代表种子，排列为平坦的一块。[①] 鸵鸟部族的人，也用鸵鸟毛披于背后及双肩。

阿龙泰人仪式的表演者，臂后同样披上垂物，表面以淡红色与白色，交互地绘圈子。脸部也盖上一块绘着红白色点子的垂物。每个人的背、胸、腰各部，完全敷满了白色圈子，又用排列一行一行白色点子的垂带，包围腿部。[②] 蛙图腾的人头上，也卷着螺旋形的白色的东西。

火地岛人的"魔鬼"化装，以吓唬参加成丁礼的青年人

① B. Spencer and F. J. Gillen：Across Australia, Vol. 2, p. 322. Figs. 160, 161.

② B. Spencer and F. J. Gillen：Across Australia, Vol. 2, p. 273. Figs. 123–125.

其他集会的跳舞者，全部装扮，也多直接以模仿图腾的外形为目的。头部戴上毛、叶、花、羊角制成的蛇头、袋鼠头、野牛头的帽子；体部套上毛类，手指足趾套上贝壳、爪壳，象征动物的爪。北美达科太人（Dacotahs）野牛舞（Buffalo dance）的跳舞者，服饰与动作，同样作野牛的模拟。曼丹（Mandan）的每个野牛舞的表演者，必须用带角的野牛头皮，与假面同样戴在头上，有时还穿上完整的野牛皮，角、蹄、尾诸部全都具备，扮成野牛的样子。[①] 德林克特人于跳舞会，葬式，入社式，也多作模仿图腾的打扮。爱斯基摩跳舞者的化装为：体部着海豹皮、鹿皮、熊皮等制成的衣服，头部插以鸟类羽毛，或围以彩布，刻意象征动物的外形。秘鲁土人，属于鹰部族的人，也常取鸟的羽毛，装饰自己为鸟的样子。塔克萨斯（Texas）印地安的狼部族的少年战士，达到成年的时节，用狼皮包裹身体，模仿狼的动作。

非洲土人，同样地有装扮为鳄鱼及鸟兽的形象而跳舞的事实。[②] 安哥拉（Angola）土人新入社的青年，也用树根或纤维质织成蛇皮般的衣服，包卷全身，表达自身冀望化为图腾的热诚。南非土人在举行成年式时。其参加的成

① G. Taplin：Letters and Notes on the Manners，Customs，and Condition of the North American Indians，Vol. 1，p. 83.

② K. Mantzius：A History of Theatrical Art，Vol. 1，Figs. 1，2.

员，有以白泥涂身外，头部及腰部捆着许多草藁来象征动物外形的。日遮利亚（Nigeria）的土人的入社式之第一天，成员也用动物的皮毛，披于身上而舞蹈。此外，各地图腾民族的跳舞假面，也全雕刻动物的形象，此项化装用具，雕刻一章内，当有述明。

图腾民族的身体装饰之外，一般的住所、武器、用具等，也描写图腾形象于其上，或志图腾的标记，或代表图腾实物之存在。北美印地安人住所周围竖立的图腾柱，为图腾艺术中之杰作，为诸旅行家所公认。屋宇内外各部，也作图腾的描写。英属哥仑比亚一带土人，惯刻图腾于梁上。柏维人（Pawees）的茅屋，也发现其

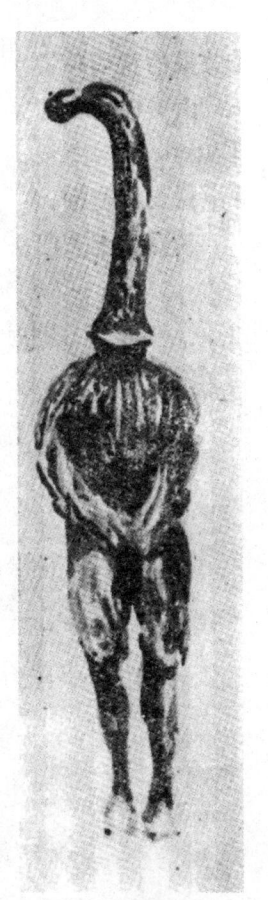

模仿成州的阿兰达
图腾装饰

图腾的图象。台拉哇（Delaware）土人同样绘图腾于屋子上，龟部族的人绘龟的全部，火鸡部族人仅作火鸡的爪，狼部族人也只描写狼的爪，或有绘狼的轮廓者。阿玛哈（Omahao）人的天幕上，全是图腾记号。易洛魁人一致地

写图腾于屋里，或用图腾的皮，如海狸、山羊、熊之类，盖于屋子上面，或又取图腾的皮捆为柱子，竖于门前。阿泰哇人村落中，各部族分区居住，每区门前，也竖立图腾旗杆。[①] 德林克特人鲸图腾部族的人住所门口，两旁描写鲸鱼二尾，人形杂居中间，旁竖一裸体偶人，双手持人的形象，接于下端者为鱼骨纹样，即说明成员被保护于图腾的用意。而各族住所的雷鸟描写，尤其多见。[②] 酋长的住所，不特门外，就中堂各处也绘画雷鸟与人类关系的神话传说。

南美巴西人的家屋，也有同样事实的存在。依伊连拉止（Ehrenreich）所记，巴加利（Bakairi）人酋长的家里，墙壁上都挂上树皮的横额，表面多为鱼形，几何纹样。

新西兰土人门前的柱子，雕刻的全作动物图象，如蛇、鱼等。新喀里多尼亚（New Caledonia）的喀拿克人（Canaques）部族中最大的村落中，大道路的尽头，即为酋长的住所，屋顶上插着的木片，往往作蝌蚪形，也为图腾标记。[③] 台湾土蕃的派宛族，因拜蛇而刻蛇形悬于屋宇檐下，当属图腾遗意。

图腾民族，多有轮回（Transmigration）的信仰，佛

---

① J. G. Frazer. Totemism and Exogamy，Vol. 1，p. 30.

② F. Boas：Primitive Art，p. 241.

③ 胡愈之译：M. Besson，《图腾主义》53页。

来则认为与图腾主义同属于祖先信仰的一形式。部族的成员死后，都相信其魂转化为图腾，或与图腾同宿一世界。南非之班都人，以人死后的灵魂变为狮子、鳄鱼者，即其

中国台湾高山族族长及木制神牌

一例。[①] 故图腾民族的葬式，有将尸骸化装为图腾而后埋葬者，有用图腾实物的一部分以为殉葬者。北美普都特眉（Poutoüatomi）雪部族人，将死尸火葬，以其火焰能直达天上雪之出源地。易洛魁人的响尾蛇、鹿、熊、沙土、水、烟火等图腾部族的葬式，是祈求死者灵魂变为响尾蛇等。阿玛哈野牛部族人，将死者尸骸以野牛皮包住，且于

---

① G. M. Theal：Records of South Eastern Africa, Vol. 7, p. 404.

头部绘其图腾记号，而祷祝其灵魂返归动物的世界。[1]由此，更形成了死者墓碑、棺木上动物描写的表现。查可孙（Jacobsen）曾说：北美阿拉斯加以南之印地安人的墓碑，全作鲸、驯鹿、熊等形的雕刻，下面且雕死者的形像，旁边记述死者的生平。斯古鲁格烈夫（Schoolcraft）又述，某印地安人队长的墓碑的雕刻是：顶端一只倒立的鹤，为死者的图腾，下方有种种的线条及图画为记号。又其一鹿图腾的著名将军的墓文，上端就作一只倒立的鹿。[2]宫武辰夫之游记也述阿拉斯加土人藏置尸骸的木箱，表面作图腾记号之外，尚有代表其鲸鱼、雷鸟与人类结合的传说的图案。

独木舟为太平洋诸岛土人重要的交通工具。新几内亚，所罗门（Solomon Is.）等处所见者长约二三十呎，船上的装饰物，也有图腾的用意。新几内亚土人的大都雕刻鳄鱼、蛇形，两端绘画鸟的头部，船首加附代表图腾祖先的雕刻物，赖以保护航海的安全。据塞里曼（Seligmann）所称：新几内亚东南部缪路阿（Murua）人的独木舟，船首附着的饰物所雕刻者，乃象征苍鹭及鹦鹉。彼又说明苍鹭及鹦鹉，即为土人作为图腾的鸟类，故此种船首装饰，当直接有关于图腾信仰。[3]所罗门群岛土人的舟首装

---

[1]　J. G Frazer：Totemism and Exogamy，Vol. 1，pp. 35，36.

[2]　Schoolcraft：Indian Tribes，Vol. 1，p. 357，Palte 50.

[3]　C. G. Seligmann：A Type of Canoe Ornament with Magical Significance from South Eastern British New Guinea各节。

饰，多刻军舰鸟（Trigate bird）形。相信其有排除水怪的魔力。或又雕刻神话中的人物，下端绘画蛇纹，桑玛维利（B. T. Somerville）曾谓其饰物附于船前，恰好接触于水面，盖为御防水患而出此。[①] 独木舟之小者，或全作蛇形。

特斯特岛（Teste I.）及特拉不兰岛（Trabriand Is.）土人，也有刻鸟形为船首饰物的习俗。喀洛林群岛（Caroline Is.）土人的船首装饰，据松村暸的研究，附于船首的木板，惯涂白、黑、红等色彩。红色涂于中，黑白在其二旁。又施浮雕之部分作黑色，沉雕部分为白色。木板上部突起，确系象征二只相向地合于一起的鸟形。左右细长而突出，或即代表鸟尾，综观其全物，类似鹡鸰的形象。[②] 中国有所谓鹢首舟，也属图腾遗习。《淮南子》云：

龙舟鹢首。

其注曰：

鹢，水鸟也。画其象著船首，以御水患。

---

① B. T. Somerville：Ethnographical Notes in New Georgia Solomon Islands，p. 371.

② 松村暸：《喀洛罗林岛独木舟及其船首装饰物》。（东京《人类学杂志》三十二卷十一期）

画鹢头以御水患，与所罗门岛人的信仰一致。又出现于《海物异名记》，《备倭记》之船，有"青雀""赤龙""驰马""晨凫""海鹘""赤马"等等，或即因舟之雕刻为种种动物形状而得名。就今日民间端阳节所用竞渡之龙舟，恐其来源，也与图腾有关。

再，图腾民族于武器、用具等的图腾描写，多象征化而简缩为纹样。写实形（Realistic form）、几何形（Geometrical form）、简省形（Conventional form）三种均有使用。印地安人惯以几何纹样描写其图腾于陶器上。德林克特人的楯、胄，都作图腾记号，以示武器属于何人所有。出猎或战争时，海达人也绘图腾于武器之上，祈求图腾祖先的佑助，太阳、月亮、鸟兽等纹样，发见尤多。澳洲各部族，楯上各描写着袋鼠、蜥蜴、蛇、鱼等动物之形。正如格来所云："各家族均采用动物或植物为其楯的形象及记号。"[①] 昆士兰土人的楯，柏林博物馆所藏者全为几何纹样，据格罗斯（Grosse）研究的结果，断其为蛇皮的斑纹。其一以树皮制造之者，上作鸟形。又一作菱形及锯齿状，也还是鸟类羽毛、毛发、鳞介等的缩写。[②] 新几内亚土人的盾的图画为袋鼠头、蜥蜴、蛇等形象。非洲人的

① Grey：Journals of two Expeditions in North–West and Western Australia，Vol. 2，p. 228.

② E. Grosse：The Beginnings of Art，p. 122.

则多作锯齿状，即表征鳄鱼的头部。亦有直接取象、蛇等皮镶于盾上，信其具有特殊的魔力的。

日常用具之雕刻为图腾形象者，北美海达、德林克特二族间，至为普遍。阿拉斯加一带土人的木皿，有作鸟状者，其两端雕刻鸟的头部与尾部，羽翼张于两旁。爱斯基摩的骨器，也惯刻为鸟头，桶柄又作鱼形。澳洲土人的藤篮，木桶手柄，常绘动物皮斑。台湾派宛族的刀鞘、羹匙、双连杯，均颜蛇纹。全系图腾同样化之结果。

第五章

图腾的雕刻

图腾民族仪式之举行，均有固定的场所，其地或相传为图腾祖先盘桓之地，或为图腾动物蛰居之洞穴。此种场合，惯用雕刻、图画以为布置。如描写图腾于岩洞，或秘密埋藏"止令茄"（Churinga 或 Tiurunga，"止令茄"为阿龙泰语）于周围，以建立图腾魔术的效能，或描写图腾于地上，使成员向之模仿动物的动作。斯托克斯（Stokes）曾于澳洲特普奇群岛（Depuch）所属之阜利斯特里亚岛（Forestlia）中，发见岩壁上满布线雕的隧道，图象大部分为动物。一尾鲨鱼随着向导鱼、狗、甲虫、蟹、袋鼠等。氏还以为：土人或在特殊的季节到洞中观览其祖先之艺术，并加以增补。[①] 所谓土人为观览艺术而拜访岩洞，实即举行图腾的仪式。

图腾民族复由于实际经济生活之反映，成员与图腾间，发生了不可分离的信仰。成员藉赖图腾保护之热望尤切，基此心理状态之要求，遂产生动物塑像的造型艺术。非洲刚果一带土人，出入多持有祖先的塑像，澳洲人则置于部族中秘密之所，北美印地安人的图腾柱，更为众所熟悉。此等雕刻之写实的表现，至足令人惊奇。

这里，我们应先注目于史前世界图腾民族的雕刻遗

---

① Stokes：Discoveries in Australia，Vol. 2，p. 170.

物。若果细心考察史前狩猎民族一切的图画、雕刻的描写艺术，将发现许多都是原始时代图腾民族存活于图腾制下，需应实际生活的要求而制作的遗物。今日发现之遗迹与出土遗物中，要找寻出其与目下图腾民族的艺术的共通之点是不难的。

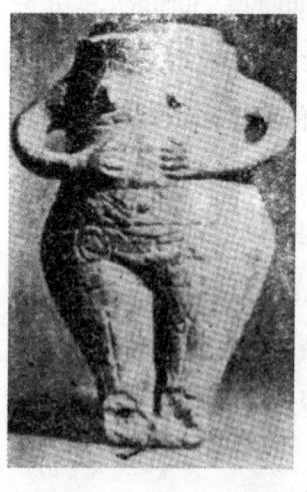

欧洲巴尔干半岛出土的原始女人体壶，上面刻有明显的身体纹饰

考古学上，从来划分史前人类文化期为石器时代、铜器时代、铁器时代。石器时代中，又分为旧石器时代及新石器时代。旧石器时代与地质学上的冰河期或洪积期相当，人类未知农耕，仅使用石、骨、角、木等自然材料为主要的生产工具，从事狩猎采集经济活动；社会关系上，即为氏族制前之原始共同制时代。

考古学上所能得见欧洲旧石器时代人类活动的痕迹的，当数法国西南多尔托尼（Dordogne）及西班牙西北之三当德尔（Santander）附近之阿塔米拉（Altamira）等洞穴之遗迹了。由于洞穴中的熊、象、野牛冰河时代动物之遗骨及原始人类狩猎工具如石斧、石捶等的发现，证实此等洞穴为原人栖息之所，而该地之壁画、浮雕以及岩石、骨角等雕刻物品，同时遂被看作旧石器时代人类的艺术活动之唯一痕迹。

考古学者，人类学者如摩蒂烈（G. de Mortillet）、拉特（E. Lartet）等复依其洞穴发见雕刻用具之前后，发见物品的重要性质，区别欧洲旧石器之人类文化期为六，即：齐林（Chellian），阿周里（Acheulian），摩斯特里（Mousterian），阿里格内辛，苏留特里（Solutrian），马特里尼（Magdalenian）。而各期之典型动物如下表：[①]

旧石器时代		典型动物
早期	齐林	河马　犀　巨象
	阿周里	巨象　犀
中期	摩斯特里	巨象　犀
后期	阿里格内辛	冰鹿
	苏留特里	
	马特里尼	

各洞穴出土的艺术物品之属于早期、中期者，其地质年代错综复杂，实难据以区别时代之前后；且所有得见壁画、浮雕等洞穴，均非摩斯特里期以前三期所属之地域。故正确地可称为艺术时期，仅属于阿里格内辛以下之以冰鹿为典型动物之三时期，合之称为雕刻期（Glyptic Period），或旧石器的艺术期（Period of Palaeolithic Art），通惯称为冰鹿期（Reindeer age）。因此三期所得见

---

① E. A. Parkyn：Prehistoric Art, p. 18.

的雕刻艺术极为丰富，末期之马特里尼尤为高涨。

所谓冰鹿期艺术，即指多尔托尼，阿塔米拉诸洞出土之艺术而言。此等艺术，概以野牛、冰鹿、巨象、熊、狼等动物为描写对象，用云石、骨刀雕刻于岩壁或角骨之上。图象或作动物全体，或作头部之写实，两地洞穴不下百处，而无论雕刻技术，描写对象，均称一致，故可推知旧石器时代的艺术，动物描写曾为一时代的辉煌之作，形成一特殊的艺术阶段。

解释何以产生此等艺术的社会的原因，艺术史家，如斯伯令（H. G. Spearing）、伯金、阿维伯里（L. Avebury）[①]均有意见，惜都未把握问题的核心。以冰鹿期艺术为原始人类无目的之游戏，固不能令我们首肯，从来目之为狩猎民族的狩猎经济生活之意识的反映，在此广泛的释意中，复加以有训练狩猎技能之目的的说明，恐也忽视原始人类之社会集团的关系。原来冰鹿艺术，实即原始图腾集团作为表现宗教思想之媒介，由此收获现实事物之效果的产物，其意义与出现于澳洲土人间的图腾艺术同样。

按之冰鹿期为旧石器时代之最后期，新石器时代之人类，已不再以狩猎采集为主要的经济生产，逐渐构成农业畜牧的生产劳动，人类由于生产地域之结合，达到氏族制

---

① L. Avebury: The Origin of Civilization and Primitive Condition of Man，Chap. 2，Art and Ornamants.

之完成。是则考古学上旧石器之最后期，应与原始共同制之最后阶段的图腾制时期相当。冰鹿期的社会关系，既建立于图腾主义的基础之上，所产生之艺术，必然地为图腾艺术了。

若将欧洲旧石器时代冰鹿期诸遗洞发见的艺术样态，参证于目下图腾民族表现其咒术行为的图腾艺术，更正确地显露出一致之点。第一，非洲布西曼及澳洲北美洲各族日常用具的雕刻或图画，由于图腾的"同样化"之结果而惯作动物描写，较之多托尼地方之 La Madeleine, Les Syzies, Laugerie Haute, Laugerie Bass 等洞之冰鹿期的象牙、骨刀、石斧等之雕刻，全无异状。第二，澳洲阿龙泰人于图腾仪式的场所，描写图腾于岩洞中，即"汪宁加"（Waninga）乃幻构图腾实物的存在，诸遗洞的壁画，岩石浮雕之作野牛、冰鹿等动物图象，与之也有一致的趋向。第三，前述北美印地安人惯描写图腾图象，用为住所之装饰，区别图腾集团的所属。冰鹿期的遗洞，苟为史前图腾民族栖息之所，则壁洞描写

法国西南部拉斯科洞窟发现的线雕原始壁画

的动物，无疑地为图腾记号之表现了。

这样明确地了解冰鹿期的艺术之图腾意义之后，便不难说明冰鹿期的艺术之生产样态了。兹姑先述雕刻。

冰鹿期之雕刻，法国多尔托尼所发现的，以骨、角、石器、象牙等用具全雕居多；西班牙三当德尔所发现的，概为洞穴线雕。据此别为二类概述之。

骨刀、角刀、象牙刀等之动物雕刻，无疑地为原始图腾民族于生产工具的图腾"同样化"的结果，各洞的雕刻作冰鹿头、狐头、马头者，略举如表：[①]

洞　名	动物造形	物　具
Kesserloch	麝牛头部	骨器
Bruniquel	同上	同上
Brassempouy	海豹全部	同上
Mas d'Azil	马头部	同上
Enlène	同上	同上
S. Michel d'Arudy	野猫头部	同上
Laugerie Basse	冰鹿全部	角刀
Laugerie Basse	牛头部	同上
Mas d'Azil	马野牛头	角器
S. Michel d'Arudy	山羊体部	角刀
Mouastruc	巨象全部	同上
Monastruc	牡鹿头部	同上
Lourdes	鹿头部	同上
Placard	狐头部	骨杖

① 以下二表，根据L. Avebury：Prehistoric Times，H. G. Spearing：The Childhood of Art，E. A. Parkyn：Prehistoric Art三书造成，意在显示冰鹿期工具雕刻的动物图样的多寡，非精确之统计也。

洞　　名	动物造形	物　　具
Mas d'Azil	山羊	角器
Mas d'Azil	鱼	同上
Limeuil	牡鹿	同上
Raymonden	啄木鸟	同上
Mouastruc	冰鹿全部	象牙刀
Předmost	巨象全部	象牙器
Mas d'Azil	山羊	同上

　　上表骨、角、象牙等材料制成的武器及工具上雕刻之动物，属于鹿形者，其数有五，牛形三，马二，羊三，巨象二，余为海豹、野猫、狐、鸟、鱼等形。概为阿里格内辛及苏留特里期的艺术。此等工具，实为狩猎民族必备的武器，Laugerie Basse 洞的作冰鹿形的角刀，即为目下野蛮民族的骨叉角锥同类的武器，以狩猎与战斗为使用目的，其上不能不刻其图腾图象，增加图腾祖先援助的魔力。所作冰鹿部位，极为自然，头部伸出，臀部隆起而刻为叉口。前足屈曲腹下，后足伸长为刀身。不特显示其雕刻技术之精巧，且全然适应于实际使用。Mas d'Azil 出现之角叉，马头雕刻，也适在把柄叉口的全物的着力点之上。Bruniquel 洞的角刀，巨象形同样刻于刀柄，四足集中成为小孔，恐为手指把握之便。①

　　在生产用具上镂刻线雕，所表现的动物图样，种类更

① 　E. A. Parkyn：Prehistoric Art，p. 28.

多。也可全视为图腾民族的遗物。样式常较全雕为朴素，间带几何纹样，各洞发见之属于此类的雕刻，列表如下：

洞　名	动物图样	器　材
Saint Marcel	几何纹样	骨器
Marsoulas	同上	同上
Chaffaud	牝鹿全部	鹿角
Chaffaud	马群	石块
Brassempouy	马头部	骨杖
La Madeleine	马全部	指挥杖
Teyjat	马鹿鱼	同上
Kesserloch	马全部	鹿角
Robin Hood	马头部	骨片
Mas d'Azil	同上	同上
La Madeleine	巨象全部	象牙
Massat	熊全部	石片
Gourdan	犀牛全部	石
Tribolite	同上	岩石片
Kesserloch	冰鹿全部	鹿角
Laugerie Basse	同上	片岩
Laugerie Basse	马全部	石块
Saint Barcel	冰鹿全部	片岩
Gourdan	鹿全部	石
Limeuil	冰鹿	石
Bruniquel	同上	石
Gourdan	鱼鹿	鹿角
Teyjat	牡鹿	同上
Gourdan	羚羊头部	同上
Gourdan	同上	骨器
Laugerie Basse	山羊头部	角
Bruniquel	野牛头部	片岩

洞　名	动物图样	器　材
Mas d'Azil	同上	石
La Madeleine	狼獾	角护符
Saint Marcel	兽的体部	骨护符
Saint Marcel	动物全部	同上
Raymonden	麝牛头部	同上
Gourdan	狼全部	同上
Montgaudier	海豹全部	骨杖
Durthy	鱼	熊齿
Gourdan	鸟	石
Lourdes	鹅	石
Gourdan	鹅	角

　　用具上所施线雕作鹿形者十，马形七，牛五，羊三。都属于马特里尼期的遗物。

　　各洞出现的此等雕刻物中，最明显地透露出图腾意义的，有所谓"指挥杖"（Batons de Commandement）与"护符"（Amulet）两类。"指挥杖"上刻马形者，至为常见。La Madeleind 洞之"指挥杖"，为平滑之骨块，两面都施线雕，一面造四只排列着的马群，另一面仅雕三只，末端惯备一穿孔。此洞尚发见雕上两尾鱼一只马的一块，也备穿孔两个。Mège 洞的则镂刻步行的马。"护符"较"指挥杖"为小，作扁长形，以角器骨器居多，穿孔作于末端，或为垂悬于人体上的物具。Saint Marcel 洞出土者有二，一作疾驰的动物体部，一作三组螺旋形之圆圈，复附以鲱骨纹样。① La Madeleine 洞者为狼貙的全体。

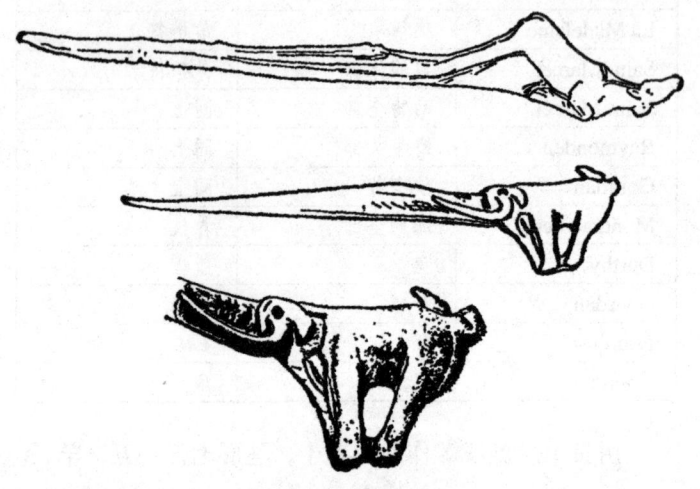

冰鹿期的用具雕刻

"指挥杖"与"护符"之为史前图腾民族悬佩的咒术用具，经人类学者所公认。目下澳洲、北美等图腾民族的习俗中，尚可见其遗风。北美印地安人，常悬佩图腾的牙齿、毛、骨片为护符，而图腾仪式集会中，也佩此区别其图腾所属。阿龙泰人参加仪式之际，身上佩的"止令茄"样式与 Bullroarers 无异。② 也作图腾图象于其上，尤类"护符"的镂刻。故冰鹿期的"指挥杖"及"护符"二物，当为原始人类的图腾咒术的用具。如 Ray-monden 出土之

---

① E. A. Parkyn：Prehistoric Art，pp. 47–62.

② J. G. Frazer：Totemism and Exogamy，Vol. 1，p. 124.

骨器护符，中间作麝牛头部，人形围于两旁。[1] 其描写人类求祐图腾之意，显然易见。

复次，原始时代的图腾民族，往往描写图腾于仪式场所，或作图腾记号于住所周围，即今日所发见之壁洞浮雕，其遗迹被发见者，为数甚多。多尔托尼、庇利尼（Pyrenean）及西班牙西北部诸洞尤为著名。

多尔托尼区内，最主要的洞穴有：La Mouthe，Combarelles，Bernifal，Teyjat，La Grèze 及 Pair-Non-Pair 等。线雕绘幅极大。La Mouthe 长约二百七十码。线雕别为三类，即：深线雕，浅线雕，轮廓线雕。描写的动物有：野牛、马、冰鹿及巨象，多只镂其轮廓。Combarelles 洞的岩壁上所刻动物不下百种。描写全部者占多半。动物图象为野牛、马、冰鹿、熊、巨象、狼，马尤为主要。巨象腹下盖着长毛，牙齿伸长而弯曲，头部张高，眼睛甚小。

Bernifal 的浮雕描写有巨象形、野牛形、马形及冰鹿形。Teyjat 洞中，浮雕的布置，较为奇异。距洞口不远之隧道分为二，一左一右。后者为大块的石钟乳（Stalagmite），表面描写之图象，一九〇三年为克庇丹（Capitan）、勃鲁伊（Breuil）及伯伦尼（Peyrony）所发

---

[1] E. A. Parkyn: Prehistoric Art, p. 63. Fig. 74.

见。动物分别作为三列，最低一列为牛类，中列为马及冰鹿，最高列为野牛与马形。中有二熊，其一颇似北极熊。Pair-Non-Pair洞以马及反刍动物（Ruminant animal）的图象为多。也作深线雕，概属苏留特里及马特里尼期的遗物。但依勃鲁伊的计算，则为图腾文化期之最早期的阿里格内辛期了。

多尔托尼区域诸洞得见的壁洞线雕，动物形有冰鹿、牛、马、巨象、熊，可知此等动物，多被史前图腾民族取为图腾之对象。而线雕条中，尚残留着红色的痕迹，或系举行图腾仪式之际，洒血于其上也未可知。澳洲阿龙泰人的"阴特丘摩"（Intichiuma）祭，可见其风。

庇利尼区内各洞之岩壁描写，图画较浮雕为多，然其技术，最为精巧。Marsoulas洞所刻马、野牛、牡鹿等图象，完全者约十四。Niaux洞者，野牛居多，马、牡鹿次之，洞顶尚有鱼形。Gargas洞所见动物形较少，仅三数马头、野牛头而已。

西班牙区最著名的洞穴为阿塔米拉。线雕都描写牡鹿、大鹿、山羊、野牛、马等动物形。而带动物首之原人，尤可注意，双手向上高举，作祈祷或跳舞状，恐系表现动物变人的图腾传说，或记录图腾民族的假面跳舞的情形。雕刻都作精细的线条，或单造轮廓而加拓阴影。洞口顶端，复发现马特里尼期的鹿头线雕。次为一九〇三年发现之 Castillo 洞，都为马、牝鹿、山羊、野牛等线雕。间在动物的头部雕刻精细的平行线条，表示阴影，与阿塔米拉洞所见的类似。同年发见的尚有 Hornos de La Pĕna 洞。多刻马、山羊、野牛及原人形。全洞线雕，惯用曲线。线条甚粗，似用指头划于黏泥之上而凝固成者。此外 St. Clotide d'Isabel 洞、Venta de la Perra 洞之线雕作动物形的，多不胜计。Pindal 之 Reg. Cantab 洞，更出现长十八吋的海鱼形的线雕，EI Pendo 洞尚有鸟类的描写。[①] 以上一切冰鹿期的壁洞线雕，既出自原始人类的图腾咒术行为之要求，描写的目的惯分为二，以图腾集团自身之图腾为描写对象而行祈祷仪式的，是为正面用意；反而描写他族之图腾，加以袭击，或伤害，不健全等记号的，则系攻击敌方集团的咒术手段。正如佛来则所云的"模仿咒术"，即描写被咒之对象于墙壁上，用针痛刺之，就可发生直接杀害其实际的被咒对象之效能。Niaux 洞得见的野牛形，腹部有三个小孔，小孔间各有代表矢尖的三角形。[②] 显明地即为某图腾部族的人，向野牛图腾部族作"模仿咒术"的攻击。Pindal 洞的野牛腹部，也附加同样的记号。Font de Gaume 洞的浮雕中，一幅为一只猫类恶兽攻击群马的场面，即为恶兽图腾作为攻击马图腾的人的咒术表现。鸟居

第五章 图腾的雕刻

---

① E. A. Parkyn：Prehistoric Art，pp. 71–74.

② H. F. Osborn：Men of the Old Stone Age，p. 353. Fig. 174.

龙藏说："此画为含有魔术的意趣，颇难说明。"[1] 实则由彼不了解图腾之过。

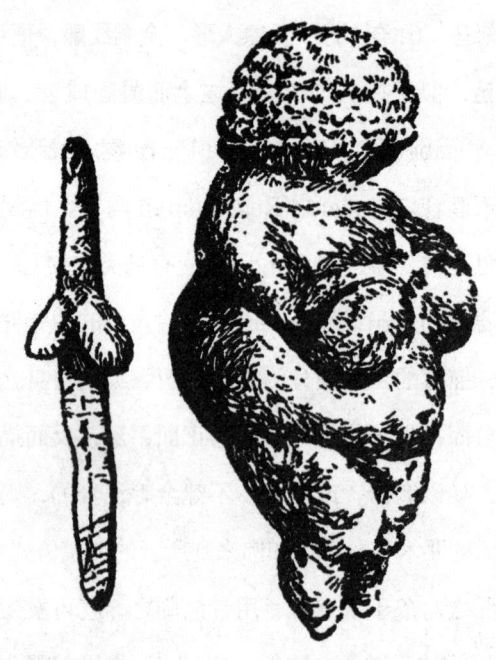

左：法国南部发现的约二万年前的象牙雕刻，带有明显的女性特征

右：发现于奥地利华林多夫的原始石雕女象。夸张肥硕丰满的女性体态，表现了原始人类对自身后代繁衍的祈望

图腾民族之致力于雕刻活动，实启人类雕刻艺术之渊源。最初雕刻骨角器具作图腾形状，以备咒物效用，续

① 鸟居龙藏：《化石人类学》张译本643页。

而作线雕于住所壁洞，标志永久的图腾记号。全雕至线雕之间，骨刀、角叉等之线雕造形，当算过渡的形式。如 Brassempouy 洞发见海豹形之骨器浮雕，伯特（M. Piette）正认其为过渡之作。而线雕艺术，由此又发展为埃及初期之建筑浮雕，或坟墓雕刻。今日发见埃及初期的雕刻遗物中，无论描写内容，构图样式，均承图腾雕刻之遗风，且尚有表现其图腾的神话传说。

埃及王国，我们已知其从图腾部族进化而来。最后，图腾的崇拜转向国王的一身时，原来图腾保护神就变为人间的国王保护者了。故埃及所有王族的装饰品，石板雕刻、纪功牌、神像，均作神鹰的形象。希莱工波利（Hierakonpolis）发见那马王（Narmer）的纪功碑，就说明那马王征服北部埃及三角洲（Delta）之人民，统一各联邦为一王国的事实。牌为石板质，长约二十六英吋，表面施以浮雕：左端的一面，那马王立于中间，戴南部埃及的白冠，从者随其后。王的左手抓住三角洲人民的头发，表示征服之意。上方神鹰的爪，捉住三角洲人民的鼻子，其人背上之小矢六枝，表示神鹰援助国王获得六千俘虏。王之足下，有二个被逐的三角洲人民。右端一面：那马王冠北部埃及的红冠前进，四人持旗于前，王前后各有从人。旗杆上，最前面的二枝雕神鹰，次为狼等。当为原来的图腾旗帜。前方十人被刿其首，供血祭之用。中段：同族的两牧人，捆缚着两头长颈狮子，示征服之意。下方作牡牛攻破异族的城壁，纪那马王之战绩。[①]

古埃及王国那马王纪功牌

那马王纪功牌上所表现有关于图腾的动物，神鹰之外，最可注意的是，石板每面之顶端都刻牛首女神荷苏（Hathor）。荷苏最初为南部埃及某一图腾部族之保护神，及那马王时代，已变为自然的神格。由此可知埃及后期神话中兽头人身之神，实由原有的图腾动物演变而来。正如耶方斯（E. B. Jevons）所谓古代埃及的神像，常现半动物半人之姿态者，乃从动物崇拜到人类的神崇拜的过渡形

---

① H. G. Spearing: The Childhood of Art, p. 215. Figs. 148, 149.

式。①换言之，即由图腾崇拜到氏族祖先崇拜的过渡形式。故后期埃及自然神像之雕刻，以兽头人身出现者，如创造神为牡羊头，死神为狼头，太阳神为牝狮子头，不死之神也为狮头。近在加尔样克（Karnak）发见之西必特（Sekbet）、达地（Diety）、太阳神荷鲁斯、门都（Mentu）、黑伯特（Hept）等神像，其头部均塑为狮子、河马、鹰鸟、鸫、

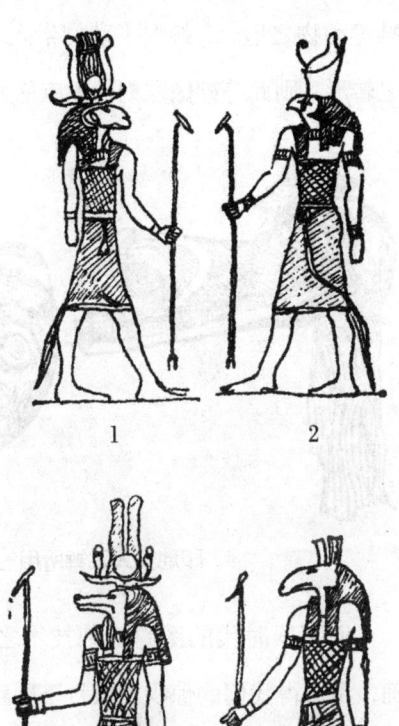

1　　　　2

3　　　　4

古埃及的神象：1. 康神，2. 哈铎女神，3. 索别神，4. 赛特神，均为动物头人身造型

　　① E. B. Jevons：An Introduction to the History of Religion, pp. 208, 252.

蛙等动物之形。[1]如说半动物半人之神话为图腾神话传说之转形，则此等神像雕刻，也应称为转形期的图腾雕刻了。

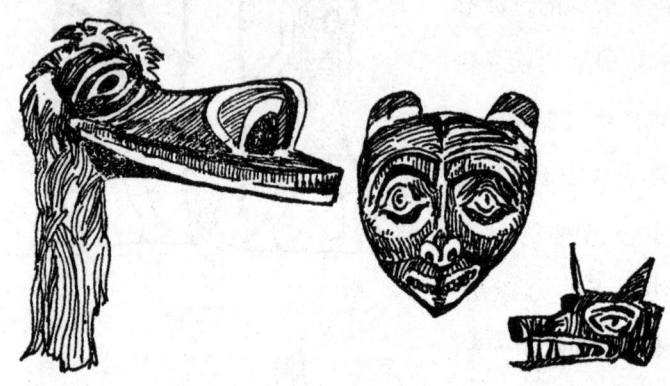

印地安人跳舞所用的面具

旧石器时代的图腾雕刻技术之精巧，描写轮廓之正确，深值得我们的惊叹。然目下图腾民族的假面雕刻，技术之精巧的程度，更远在其上。北美印地安人的图腾跳舞，为模仿动物的装扮而用之假面，都作动物的形状。据斯汶顿（J. R. Swanton）所述，德林克特人跳舞时使用的假面，常雕刻代表其图腾的纹样，如山、云、动物等，其假面所表露的模样，多属幻想中之怪物。或涂红青两色参半，上端描写鱼形，全系象征图腾的幻想物，或其祖先的故事。[2]达科太人的野牛舞者，所戴野牛假面都作写实形。

---

① 井上芳郎：《埃及宗教艺术史》。
② 宫武辰夫：《阿拉斯加所见原始艺术》118页。

原始民族所用的假面，可分为十一类。即：狩猎假面、图腾假面、妖魔假面、医术假面、追悼假面、头盖假面、鬼魂假面、战争假面、入会假面、乞雨假面、祭祀假面。中所搜集图腾假面的材料甚少，惟狩猎假面、战争假面、入会假面、祭祀假面，但不能断为与图腾无涉。据其所

中国江西傩舞用的面具
"盘古氏"

述，英属哥仑比亚的印地安人的鲸形假面，恰与图腾柱的雕刻类似。长约四英时，上半部施以极精细之雕刻，舞者头部隐藏其中，双手可摇动其鳍、尾及口部。他如新不列颠岛（New Britain I.）的土人，日常装饰的假面，顶端也雕刻鸟的形象。战时又戴上动物形的假面，藉求图腾祖先的佑护。①

托列斯海峡（Torres Straits）土人的成年式之假面跳舞，先有跳舞者三人，从图腾圣地出现于新入社的少年之前，第三人戴上假面，往往作鲨鱼的形状，即象征图腾动物无疑。新几内亚土人入社式，也建筑鲸形及大乌鸦形的屋子，使新成员穿入其间，尚不失图腾假面的原意。

---

① 南江二郎：《原始民族假面考》，参照各节。

最后，图腾民族的雕刻艺术，还有最可惊奇的图腾柱。此项艺术，以北美之德林克特、海达等族者，至为可观。

夏威夷群岛土著跳舞的面具

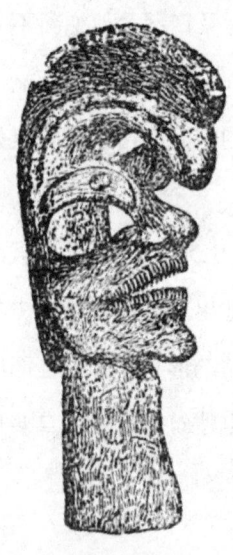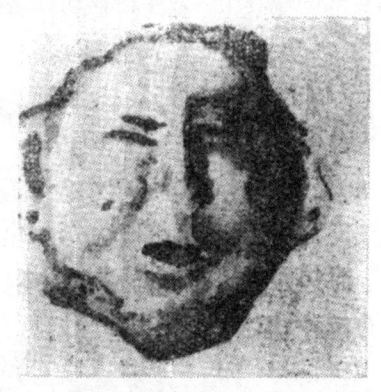

中国天水柴家坪出土的人面陶塑，

具有蒙古人的特征

太平洋岛土著的鸟毛制神象

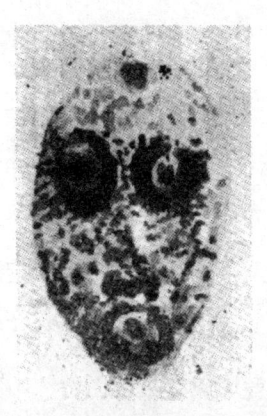

中国甘肃出土的石雕人象。眼、口、鼻均用白色骨珠镶成，制作拙朴，似与宗教活动有关

中国鄂伦春族的木制神象

　　德林克特人的图腾柱，多竖在酋长住所的门旁，有高至五十呎者，雕刻都作人与动物的形象，象征其部族的图腾祖先，且涂以奇异的色彩。又有竖于屋宇前面者，规模更大。[1]

　　海达族的图腾柱，其雕刻的技术，实达到图腾雕刻之最高峰。西北美洲印地安人的图腾柱，均不及海达人的数目之多，规模之宏大，技术之精巧。柱高由三十呎至六十呎之间，海达人每家平均至少有两枝柱子。图腾柱可别为两类，即家前柱（House Poles）及葬场柱（Mortuary Poles）。竖立于屋宇前者，下部广度约三呎，逐渐细小而

————————

[1]　W. H. Dall：Alaska and its Resources，p. 414.

达顶端。①

　　海达人图腾柱上，所雕刻的图象，斯汶顿将家前柱所惯见的分为两种，即：（一）仅作图腾记号，（二）记述各种故事。第一类的柱子，所刻者为住所主人及其妻，而至于全家人的图腾记号，图象从上至下的排列，都有一定的次序。例如尼斯丁次（Ninstints）的鹰图腾家前的柱子，顶端作大鹰，底下者为熊形，二者均属其夫之图腾，中间刻一狼，为妻之图腾记号。又竖于斯基打吉（Skidegate）的一柱，狗鱼雕于顶上，次为大乌鸦，最下为杀人鲸。前二者为妻的记号，她属于鹰部族之人。杀人鲸乃表现其夫之记号。另一则顶端刻住者之妻的记号熊形，下部作狗鱼、乌鸦、鹰等，概属住者自身之图腾记号。②

　　故事图腾柱所表现者，不外图腾的神话传说。斯汶顿曾称其不逊于埃及、巴比仑、亚述、希腊、罗马等任何一民族之为表现宗教信仰、神话传说而建立之古代艺术。海达人最流行之传说如大乌鸦与洪水，大乌鸦盗月，或人熊结婚等，所见于图腾柱者甚多。如马塞村（Village of Masset）的一柱所表现的故事，大意为：

---

　　① J. G. Swan：The Haida Indians of Queen Charlotte's Islands, p. 3.

　　② J. R. Swanton：Contribution to the Ethnology of the Haida, pp. 122–124. With Plates 1 and 2.

猎人偶到熊的家，适熊外出，猎人就与熊的妻子发生恋爱。为熊所察而深责其妻，其妻极力否认。熊乃在她出门入水求食时，结一魔术丝于她的身上。由此，熊遂发见她与猎人的秘密，结果，熊杀了他的妻子。[1]

阿拉斯加的乌鸦部族之竖于酋长家前的图腾柱，顶端刻一鸟嘴突出，口中含一鲸头人身的图象。鸟形即酋长的图腾祖先大乌鸦。以下复用紫色描写大乌鸦勇敢的故事，其梗概云：大乌鸦飞于天空，见一美女泣哭，自述其为大鲸所迫，欲娶她为妻。若她不允，大鲸便吃完

北美阿拉斯加一带的图腾柱

海中的鱼，断绝她族人的食料。大乌鸦劝她嫁给大鲸，大乌鸦自饰为从人，护之出行。期至，大鲸浮现海面，背女

---

① E. B. Tylor：On the Totem Post from the Haida.（Journal of the Anth. Inst. Vol. 23, pp. 133–135. With Plate 12.）

而去。大乌鸦先到鲸家，杀死鲸鱼，把少女救了回来。[1]

由此可知一切的图腾柱，不仅作为图腾民族住所之标记，且用以记述其有关于部族的神话传说。此等雕刻艺术之效用，有如封建时代之纪功碑。

---

[1]　宫武辰夫：《阿拉斯加所见原始艺术》221页。

第六章

图腾的图画

图腾民族所产生的描写艺术，与雕刻同义的，尚有图画。

　　正如我们所信：旧石器时代冰鹿期的岩洞描写，全为原始图腾民族的仪式场所，或住所的图腾记号等魔术设置的遗迹。我们进而考察阿塔米拉、Font de Gaume、Marsoulas 等洞的壁画，更可明确地指出图腾的用意。

西班牙阿塔米拉洞的动物壁画

　　壁画的描写，仍与线雕显示一致的趋向，也以野牛、冰鹿、马、巨象等动物形为描写对象。阿塔米拉一洞，顶端及墙壁所描写马的轮廓，表现力之雄厚，用色之精巧，尤为世所惊叹。轮廓全部都涂黑色或红色。其中一只黑色的野牛图形，最为可观。距洞口不远的左旁，壁上所作动物壁画，以野牛至多，鹿、野猪较少。动物形态，有走动者，有低卧者，为史前艺术中最精彩之作。克庇丹及勃鲁伊详细研究其洞壁装饰之位置，谓其洞顶很低，画者必勉强地跪于地上或斜卧着工作。而动物图象长度约在四呎至七呎之间。野牛之最大者，由鼻至尾部，长约五呎。[①] 画家既屈就于勉强的不自然的环境之下，尚能从事于这种体大思精的描写，实不可视为出自无目的之游技。同时，描写动物群的壁画，往往带复杂的技术之表现，决非单一图腾部族的产物。故阿塔米拉洞可断为集合许多图腾部族，举行如阿龙泰人的"阴特丘摩"祭的仪式之场所。

与阿塔米拉相距不远的 Castillo 洞，所见巨象、野牛、牡鹿等图象，均填红色或黄色之彩画；马、赤鹿、山羊、羚羊等，概作粗阔的黑色线条。巨象形则与现代的象类完全同样。动物描写之外，尚发见掌形镂刻。掌形恒集中成一画幅，周围复作黄色野牛象，间有掌纹印在野牛的体部。按掌形镂刻，法国西南诸洞如 Gargas 等洞，发见尤多，数目多达一百以上。有不完全的，或只作一二指形。而左手形最为惯见。可知其为用右手使用颜色，镂印左手的图样于岩石之上。[②] 就目下的图腾民族间，仍可得见同样的事实。澳洲土人的壁洞掌形描写，马太（R. H. Mathew）曾详为记述。[③] 又于 Arizona Nicaragua 等洞所见印地安人的掌纹镂刻，其样式全与此洞者一致。原始人类镂刻掌

图腾艺术史

112

---

① E. A. Parkyn: Prehistoric Art, pp. 99, 100.

② E. A. Parkyn: Prehistoric Art, pp. 90, 91.

③ Journal of the Anthropological Institute, Vol. 25, p. 145. With Plate 14.

形的用意，诸家解说各殊。惟我们的见解，仍不外图腾民族，用之以为记录重大的历史事件之手段。原始人类之使用图画记述过去陈迹之事，今日已非孤独的发见，美古路卓·马克来（Miklucho-Maclay）旅行新几内亚，野蛮人为小船行下水礼而招众宴会。宴终，土人雕刻各种难解的图象于木杆上，详记宴会的情形。由于土人的解释，始知杆子上被记者为二只行下水礼的小船，六个宴席上盛食物的小碟，以及为宴会而屠杀之猪等。[①] 故图腾民族于洞壁上所作掌形，当为记录部族成员参加仪式之人数；或于各成员进入洞穴时，自将掌纹印于石岩，类似今日出席会议之会员签名式。或又为表现成员与图腾祖先互相关联的咒术行为，如 Castillo 洞之掌形，尚有捺于动物图象之上者，尤可据以推知此种用意。

　　法国西南部的 Marsoulas 洞的壁画，所作动物图形至多。描写于距洞口十一码左右之处的图画，篇幅极大。野牛形之最大者，长约六英呎。中央坑道之动物形，线条多都精巧。野牛图则用黑色取轮廓，中填红彩。间有在体部作无数的红斑。而头部一律敷填色彩，不作斑点。发见于一九〇六年的 Niaux 洞，野牛、马、山羊等壁画描写，最为杰出。据开掘者的报告："图画，单使用黑色、红褐等

　　① 升曙梦译：V. M. Friche，《艺术社会学》25页。

色，全然缺乏。"[①]动物的图象，大小少有与实物相称。最大的马形，从鼻到尾部，长度仅五英呎而已。野牛形的体部作毁伤的三角形记号者也多，这个正如前述线雕同为图腾民族攻击敌方的咒术行为之痕迹。

Font de Gaume 洞的壁画满布全洞，描写的动物为野牛、马、冰鹿、巨象、熊、狼、犀牛等。其一画幅规模之大者，上作十余野牛形，另一作五只巨象，九只野牛，一只猫类动物及马、冰鹿等图。野牛描写之丰富，冠于各洞。颜色惯用红、褐、黑三色。其轮廓都先施线雕，然后敷填色彩。此外，冰鹿描写的姿态，极为自然。犀牛形则用大红线条取其轮廓，背上的线条之下方作向前走之平行线条，腹部也以同样的线条表示犀牛的毛发。

西班牙中部及东部也发见有岩洞图画，同系图腾民族的产物无疑。附近加拉巴达（Calapata）各洞，动物描写有牡鹿、牡牛、山羊等，惯作红黑二色。勒黎达省（Lerida）的 Cogul 洞的壁画，有作一人追击野牛的场面，或即攻击敌方图腾的咒术行为的艺术表现。所绘牡牛、羚羊、牡鹿等动物群者，又概施红色。距亚巴拉先市（Albaracin）附近的洞穴，壁画也甚著名，牡牛形涂深红色或黑色。此外，阿尔伯拉（Alpera）地方的岩洞中，描

---

① E. A. Parkyn: Prehistoric Art，p. 89.

写鹿、牛、赤鹿、山羊、鸟、狗等动物形者很多，且作简
省化的纹样，颜色非常鲜明。

一切民族都经过图腾制的社会阶段，作为史前图腾
艺术遗物之一种的动物壁画，要从地域上找寻它的发源
的故乡，只是文化传播一派学者徒然的劳作。盖旧石器时
代的岩洞遗址，为今日所发见的，不特欧洲、法国西南部
及西班牙等地，东方如中国之甘肃、蒙古，印度之纳巴达
河（Narbada R.）左岸，西伯利亚各地之继续被发见者
甚多。而西伯利亚、贝加尔湖（L. Baikal）附近之马尔太
（Malta），即比拉雅河（Bielaya R.）左岸的洞穴，出土的
骨器、角器，多雕刻为有翼之鸟形、鱼形、蛇形，与欧洲
冰鹿期的用具雕刻，全然一致。印度中部更发见类似阿塔
米拉等洞的动物壁画，可知图腾制之存在于原始的狩猎民
族的社会组织中，并无地域的限制。而且印度中部拉格尔
（Raigarh）地方之新甘波罗（Shinganpur）的洞穴壁画，
一九一〇年为爱特生（C. W. Anderson）所发见。氏于洞
口采得类似西班牙诸洞得见之玛瑙石器，遂断其为旧石器
时代后期的遗迹。后复由勃龙的调查，始于洞穴间，被土
人称为"社殿"或"神圣的场所"（Madirs）之崩口，窥
见壁画的一部分。画都作红色，以野牛、象、鹿、袋鼠、
蜥蜴等动物形象为描写对象。其技术，约与西班牙 Cogul

等洞者同一阶段，所敷颜色，均为单彩。[①] 为至可注意之事实。

原来欧洲冰鹿期各岩洞的图腾图画，若云其模仿动物外形的天然色彩而施以复杂的多样彩色，宁可谓其出自敷填轮廓线条以鲜明的色彩的需求。上述各洞壁画，无论何处，都注重轮廓线之描写，如阿塔米拉洞所绘动物外形，轮廓线条，都填黑红二色，甚或加施雕刻。轮廓线既作殊异内形的特殊色彩，画幅自成二色以上的复彩表现，此不能不视为图腾图画之一大特色。再求之于澳洲图腾民族之一切岩洞的图腾描写，其表现色彩之用意，也得见其同一作风。且由于刻意轮廓线之造作，更形成鲜明可观的纹样描写。斯本塞及基伦所采集澳洲中部惯见的岩洞壁画的动物纹样约十余类，每类都以特殊的色彩填其轮廓线条。纹样大致类别如下：[②]

（一）野犬纹样：以木炭画其轮廓。

（二）长尾鸟：轮廓作红色，内形敷黑色。

（三）蜥蜴：用红色涂其边缘，头部作放射线。

（四）蛇出洞穴形：轮廓作白色，中填黑色。

（五）某种动物图样：轮廓填黄色，体部敷黑色，又

---

① 驹井和爱等：《东洋考古学》290—292页。

② B. Spencer and F. J. Gillen：Across Australia, Vol. 1, pp. 118–120. With Plate 2.

取黄色线条为足部。

（六）人头部：用木炭画轮廓线。

（七）鸸鹋鸟坐于蛋上：作黑黄二色。蛋作黑色，周边围以白色。双足趾分作三叉形，也施白边。

（八）植物纹样：羊齿植物类，红色。

（九）蜥蜴类动物之变形：轮廓以红色线条为之。周边有黄红线条，交替向外放射。

（十）石刀：用黑线为轮廓，中敷红色。

观此，绘图艺术之发展，由单彩而复彩，由实写而纹样，着重于轮廓描写之图腾图画，当有推进的作用于其间。

公元前 1000 年的非洲壁画：象

至南非布西曼的图腾图画，则多作复彩。涂色比任何图腾民族者都要复杂，贮藏壁画的洞穴，分布极广。弗利兹（Fritsch）所见：希望市（Hope Town）不远的山上的石板镂刻动物形象约数十以上。同一石块上，常有二十或二十以上的数目。从好望角（Cape of Good Hope）之连接地带——其中之特鲁伯·克鲁夫（Tulbagh Kloof），今尚存此等旧址——直贯通全殖民地而越奥兰治河^①而沿达拉昆斯堡山脉的山洞的图画，都作象、犀、高跟鹿、大羚羊、狮子、蛇、鱼、大鸟、马、犬等动物形。画幅且长至八英呎及十英呎之间。使用颜色，多至六七种，如白、黄、红、褐、紫、黑等。素地上稍扫淡色，黑岩石则稍施雕刻，白岩石则重敷色彩。观其轮廓的正确，不能不惊叹狩猎民族的捕捉描写原型的能力，他们由于日常的狩猎生活的练习，关于动物的性质习惯等，往往具有极精细的理解。而其视力尤为良好，柯林斯（Collins）曾说："澳洲土人的视力格外良好，他们的生存，往往依赖其眼睛之锐利。"^②弗利兹更说：布西曼的感觉之锐利，足以制胜其他南非的土人。追寻动物的足迹，尤为布西曼最熟练之手技，故所作动物描写，写实的程度，极为可观。

壁洞图画之外，澳洲图腾民族，作为装饰仪式场所及仪式用具的图画描写，尚有最足述的"止令茄"，其上所作的动物图象，完全脱离写实的形式，进而取省简体的象征纹样。他们视此为图腾仪式必需之用具，多用木片或磨石，制成卵形或椭圆形，小者长约一英呎，大者五六呎不等，表面概作图腾动物及代表其神话传说的纹样。阿龙泰人信此物是图腾祖先寄托之所，故常将其放秘密的地方，除长老外，部族成员，绝对不知其所在。妇人及未入社的青年，

---

① E. Grosse：The Beginnings of Art，p. 181.

② Collins：North West and Western Australia，Vol. 1，p. 315.

也不许接触。埋藏"止令茄"的场所，就成为不可侵犯的圣地，称之为"阿特那顿加"（Ertnatulunga）。[1]

斯本塞及基伦著书所载："止令茄"的描写纹样，多作白色。阿龙泰人属于蜥蜴、食火鸡、蛙、水诸图腾部族的"止令茄"，表面绘着的纹样，初不解其属意何在，实则都不外作图腾与人类互相关系的记述。据其所述：一个蛙图腾的人，代表死者灵魂存在的"止令茄"，两面各绘三组圈子，表示三棵著名的橡皮树，生长于胡夫河（Hugh R.）畔，中间绘者为属于蛙图腾集团所有之住所。另一面作直线，代表橡皮树的大根。一端的二组曲线，为其小根。其所描写橡皮树与蛙图腾部族为邻近关系者，因为蛙群常住于橡皮树的洞穴中。同面，又作无限小圈子，象征小橡皮树，有代表其树根之线条连结之，另作虚线，沿布"止令茄"的边缘，为蛙出现之痕迹，即形容其跳跃于河床的沙漠中。"止令茄"之另一面，绘一列很大的同圆心的圈子，为蛙跳出橡皮树之形象。连结圈子上的直线，即蛙子的四肢。这样作同圆心的圈子而联以直线的纹样，为澳洲蛙图腾人的"止令茄"最常见者。

属于蚋蟠即"犹尼利尼林吉达"（Udnirringita）图腾人的"止令茄"的纹样，一面于中间绘着一列弯曲线条，

---

① B. Spencer and F. J. Gillen: Across Australia, Vol. 1, p. 209.

象征一大蛴螬。四周有梳状线条，为蛴螬住地掘开地面之孔洞。蛴螬之旁，绘一列半圆形线条，表示人的存在。背面描写的弯曲线也为一只蛴螬，上下作同圆心之圈子，即其卵形。上端描横线若干，为蛴螬身体上的记号。

又大蜥蜴图腾，即“伊楚巴”（Echunpa）人的“止令茄”；正面两端绘四个半圆圈子，中作波状线条表示动物的长尾，半圆线即为其肋骨，另一端之点线为动物的痕迹。背面取虚线成半圆形，象征动物之肩部，另作黑点穿过胸部，下面复以半圆形代表大肋骨。小肋骨后，沿着动物下面的表皮，作许多斑点。

其他，蚁图腾人的作四个圈子，代表蚁及人的各部分；野猫图腾人者，也各有用意。总之，纹样惯作一列一列同圆心的圈子及螺旋形线条。而小点列成圆圈或直线，常用以代表人与动物的痕迹，人类，又多用半圆线象征之。动植物，则简省化而取圆圈或螺旋形的线条作纹样的表现。①

“止令茄”非澳洲图腾民族特有之物，南非北美的土人所谓神圣的石片，全属同类的东西。冰鹿期遗物中，类似“止令茄”的石片，也有发见。法国南部之 Mas d’Azil 洞出土的所谓彩砾（Coloured pebbles），表面所现的纹样，无疑就与阿龙泰人的“止令茄”一致。

---

① B. Spencer and F. J. Gillen：Across Australia，Vol. 1，pp. 210–216. With Figs. A. B. D.

据伯特所云，此洞所得彩砾甚多，许多砾石，都涂红色而带过氧化铁。砾石极平滑而恰似卵形。所涂红色记号，阔约半吋，偶有先扫玫瑰色于石的全部，然后涂上红色的记号。颜料都以过氧化铁为主。未施颜色之前，或又混合油质，松脂，使色彩固着于石上，虽受雨水冲洗，也不容易分解。描写纹样极多，或为线条，或为圈点，或作动物形象，颇似图腾记号，手法与阿龙泰人的"止令茄"显示出一致的倾向。伯特尚断定为旧石器时代终期人类的象形文字。[①] 则视彩砾为史前图腾民族使用之"止令茄"，更无可异议之点。然按阿龙泰人的社会组织，已采取较马特里尼期人类的图腾主义为进步的形态，若据以测定所以产生"止令茄"的社会条件，那彩砾的产生时代，又当稍后而为新旧石器之过渡时代了。

澳洲图腾民族，均当仪式举行之机，常于杆子上，描写图腾形象。或地面上绘画图腾动物，以代表其神话传说的纹样。华拉孟加人"伏龙魁"蛇节所造者，更为可观。即集成员于仪式场所中间，取沙土堆成小岗一座，表示图腾的存在。据斯本塞及基伦所记：小岗的制造，曾耗费一天的时间，先于地上掘开一约十五呎长二呎广的泥壕，混水于沙泥填满之。再堆成高约两呎之小岗，作半圆状，表

---

① H. F. Osborn：Men of the Old Stone Age，pp. 463–465.

面磨扫极为平滑。两侧各绘一阔约四吋的波状线条，二线互相交于小岗之每端。北方一端为蛇头，南端为蛇尾。余各部分概作红色与白色的斑点。代表蛇身之波状线条，全敷红色。[①]

一切原始人类的描写，并非纯粹地为美的表现，而是规定他们的物质与思维的现实之反映。华拉孟加人所作的小岗，就被视为现实的事物之存在，而发生图腾禁忌的效能。成为如涂尔干所谓"作为图腾存在之图画，比图腾实物的存在，更为神圣"[②]的神圣之所在了。

澳大利亚华拉孟加人"伏龙魁"蛇节的画地

"伏龙魁"蛇节中，更有一种直接描写图腾于地面的画地。纹样之描写，较出现于小岗者为复杂。华拉孟加各图腾部族，各据地面的一块，描写自己部族的图腾。地面

① B. Spencer and F. J. Gillen：Across Australia, Vol. 2, p. 402. Fig. 281.

② 古野清人译：E. Durkheim，《宗教生活之原初形态》卷上209页。

先用手抹擦平滑，再洒水扫之。干后，以红黄色泥土，或描同圆心的圈子，或作弯曲的线条。其余全部，填以白点。作为主要纹样的圆圈或线条，由一老人完成，通常为"华加亚"（Worgaia）医生。白色的原料，系登宁特溪（Tennant Creek）附近之磁土。所作纹样，至为精巧。其一中间作黑色的三个同圆心的圈子，代表仪式场所"呼能登谟拉"（Ununtumurra），圈子最外一边作一半圆，末端广阔而伸出一黑色波状曲线，长约十八英呎。圈外复作曲线二枝。有一列用人足踩蹈成的黑色脚印，沿着长曲线而走。尚有二足印，印于小半圆线的旁边。此外空隙的地方，全敷白点，

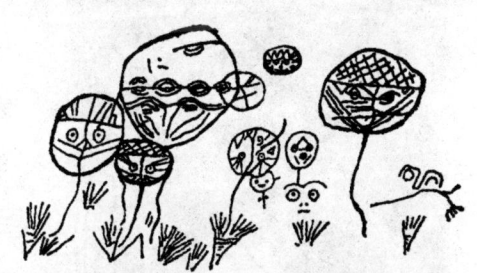

中国连云港锦屏山将军崖新石器时代壁画所描绘的纹面、鸟毛头饰以及对谷物植物的图腾崇拜

其长曲线与足印，即记述名为 Mumumanungara 者与大蛇的传说。其他，多作圆圈于中间，四周伸以半圆线，或以少数之波状线条连结于一方。[①] 均描写其大蛇所居之洞穴。

---

① B. Spencer and F. J. Gillen: Across Australia, Vol. 2, p. 406.

综观各地图腾民族的图画，虽有写实及象征的表现形式不同，其代表图腾动物之存在，或记录图腾传说之用途则一，文字用意，如取广义的解释，此等图画，当为图腾民族的文字无疑。而用手形镂刻以记录参加仪式成员人数之多寡，文字之义，尤为明显。由此更进而以其记述图腾部族之户籍人口等具体之使用，求之于北美印地安人图腾部族中，也可多见。据阿维伯里（Avebury）云，印地安人所造户籍表，都绘图腾的图象以为代表。有蝲蛄、海豹、太阳、鹰、蛇、野牛、斧等形。每一图腾记号之下，复加线条若干，表示图腾部族所有成员的数目。[1] 又有绘画各动物图象，而于眼

古玛雅帝国的文字和图画

---

[1] Lord Avebury：The Origin of Civilization Primitive Condition of Man, p. 49. With Fig. 5.

睛及心脏之处各以线条连结之，向政府表达诸图腾部族一致的意见，一致的感情者。[①] 是则北美的图腾民族，采用图画以当文字的使用，已极普遍。所以图腾民族之图画使用，实开一切象形文字之端绪，埃及后期象形文字的出现，显然受其影响至深。可知表达人类内心的意思，或为保留陈事之记忆而作象形描写，从图画发展到文字的过程中，图腾民族曾尽了极大的任务，图腾图画，因之就万不容许忽视。

---

① Lord Avebury：The Origin of Civilization Primitive Condition of Man，p. 54. With Fig. 11.

第七章

图腾的跳舞

跳舞为激励宗教情感最有效的动作。图腾民族，从出生到死亡的仪式，无不以跳舞为重要科目。入社式"阴特丘摩"式、死葬式、宗教集会等所有的跳舞，或则模仿其图腾的动作，或则整列队伍作体操舞蹈。综计各地图腾民族共通具有的跳舞仪式，有以下五类。

第一类　入社式

图腾集团的成员，达到一定的年龄，举行入社式后，始被正式承认为集团中的一员，接受集团的一切权利与义务。故引渡成员参加图腾集团的生活规范，实即入社式的任务。仪式中如由长老向新成员申述图腾部族之起源历史，又令新成员学习图腾的叫声，模仿图腾的动作，用意都极显明。跳舞一项所表现者尤甚。

各地的入社式的跳舞表演形式，虽微有不同，大致都以模仿图腾为目的。跳舞者必须装扮为图腾的样子。动作的表演，完全模仿动物动作的形状。欧洲旧石器时代遗迹如 Font de Gaume、Comharelles、Marsoulas、Castillo、阿塔米拉诸洞发见的线雕中，有所谓猿人形者。斯伯令断定为不外原始人类模仿动物跳舞的描写。[①] 曼特周斯（K. Mantzius）曾述澳洲土人精于模仿鸵鸟、袋鼠、田蛙等动作，特别爱用腕部象征动物的颈部。[②] 都指明入社式的跳舞情形。新南威尔斯的土人的入社式，也作模仿动作的跳舞，且又刻意于祈求图腾祖先赐予新成员以神秘的狩猎技能。其跳舞的表演，非仅为动物动作之模仿，而是猎人行猎的场面，据柯林斯所述：入社式之际，预先给与新成员一个草制的袋鼠偶像，意即给他们以一只死的袋鼠，象征接受到有杀死一只袋鼠的能力。众人又系袋鼠的尾巴于背后，模仿袋鼠的跳跃，另二人持矛而追之，佯作伤害他们。[③] 其他澳洲各部族也多举行狩猎跳舞，或排演哑剧，与出猎前所表演的狩猎跳舞同样。非洲土人的鳄鱼跳舞，尤为普遍。北美印地安人入社式的跳舞，所模仿熊、犬、野牛等的动作，稍似默剧的表演，也相信新成员参加跳舞以后，便得到特殊的魔力。如西珂人（Sioux）称为"伐甘"（Wakan），易洛魁人所谓"阿龙达"（Orenda）的保护，即为跳舞者具有的魔术效能，由此使新成员获得图腾威力的一部分。[④]

---

① H. G. Spearing：The Childhood of Art，p. 77. Figs. 47，48.

② K. Mantzius：A History of Theatrical Art，Chap. I.

③ Collins：Account of the English Colony of New South Wales，pp. 569，571.

④ 胡愈之译：M. Besson，《图腾主义》33页。

澳洲土著的"入社式"

　　我们要了解入社式的狩猎跳舞的意义，同时有注意图腾民族举行于出猎前的狩猎跳舞之必要。西非赤道线下的土人出猎大猩猩时，令一人装扮大猩猩，表演为猎者所杀死的情形。北美达科太人出猎熊前，也行猎熊之舞。即，一人披熊皮，戴熊头，化装为熊的形状，结果被猎人加以驯服。西珂人的狩猎跳舞则分全族人为二部分，一部分饰水牛，佩带水牛的皮角为标记，一部分饰为猎人，佯作将全群水牛包围杀掉。据查都勃兰（Chateaubriand）所云：印地安人每一出猎，均作动物跳舞，表现动物的动作、习惯，以及被猎打时的叫声，或作熊的攀援，水獭的走步，

水牛的跳，鹿的跃，狐的叫，等等。[1] 此种跳舞，完全象征其狩猎之对象物被猎人所支配，所征服，实出自原始人以魔术的模仿，是为现实事物的产生之意识形态的表现。即以狩猎跳舞的魔

中国鄂伦春族的巫师萨满手持皮鼓身着神衣，准备跳舞

术，有影响于现实的动物狩猎之效能。入社式的狩猎跳舞，不外教导新成员学习此种间接影响于现实的动物猎取的魔术的表演形式。

1500 年前法国拉斯科洞窟壁画中头戴鹿角身披兽皮的巫师形象。也是最早的图腾舞蹈的中心人物

---

① J. G. Frazer：Totemism and Exogamy, Vol. 1, p. 39.

第二类 "阴特丘摩"式第一部

"阴特丘摩"式，佛来则谓其为图腾仪式中之最要者。澳洲阿龙泰人每部族都有举行，日期依季候而定，概在雨季开始，动植物刚在繁殖之际。确实的日期，由长老"阿拉典家"（Alatunja）决定。

据史德莱（Strehlow）的见解，"阴特丘摩"式不过入社式之一种变形。事实上完全已无入社式的手续存在，转以祈求图腾动植物的繁殖为目的。故仪式中，表演动植物繁殖的拟态颇多。如描写图腾于岩洞，成员进入其间，歌颂动物生卵，植物出芽；或击碎岩石，磨擦各成员的胸部，象征图腾生命的萌芽；或将碎石散布四方，作图腾向四方繁殖之模拟；或用人血洒岩石，灌输图腾以生命的活力；或取声音作蝙蝠、鸳、鸵鸟的叫声，表示图腾动物的降生。正如涂尔干所云："为求动物的繁殖而模仿动物的形态，取动作与泣喊以达其目的。"[1] 而于动作上模仿动植物长成的表现，是为模拟图腾的跳舞。

----

① 古野清人译：E. Durkheim，《宗教生活之原初形态》卷下583页。

斯本塞与基伦的游记所述，阿龙泰人 Witchetty 蛴螬图腾部族，"阴特丘摩"式的跳舞情形是：跳舞者的身体都作模仿蛴螬的装饰，集合于一定的场所。老人"阿拉典家"预先隐藏于以树枝围成的所谓"温巴那"（Umbana）的屋子中，象征此种甲虫初生的蛹。全部成员出现于"温巴那"的附近，时行时止地向"温巴那"进发。最后进入屋子之中，放声歌唱。歌词都申述甲虫的发生情形，或蛴螬图腾隐身于岩洞的故事。歌止，老人"阿拉典家"跃出屋外，蹲于地面，开始作模拟甲虫之从蛹发生时到甲虫期诸阶段的变化之跳舞，成员复唱歌解释老人的动作。①

图卡哈美人祈求谷物繁殖，头顶玉米穗须跳舞

① B. Spencer and F. J. Gillen：The Nature Tribes of Central Australia，p. 176.

Unchalka 部族人，"阴特丘摩"式的跳舞中，对于动物的模仿，尤为周到。跳舞者惯以蛴螬之发生形态的图案为身体装饰。复用楯象征甲虫寄生的地方，主祭的老人或弯曲身体，或跪或走，互相交换其动作；同时或回动其伸出之双腕，表示甲虫的羽翼。有时匍匐楯上，作甲虫飞向附着卵子的树上的模拟。舞毕，另一场所，又先置楯二件于地面，其一取曲线描写蛴螬的痕迹于上面；他一则绘一大圈子，代表甲虫的卵，或养育甲虫的种子。老人乃出现其中，作甲虫脱蛹而出的舞蹈。有时四方回动，即模拟甲虫忽飞忽止的动作。[①]

北美、非洲各地的图腾民族也同样有"阴特丘摩"式的举行，"阴特丘摩"式的跳舞就为各地图腾民族共同具有的现象。新几内亚南端之马华特（Mawatta 或 Mowat）土人的西米（Sago）祭式，也以模拟的魔术增加西米的繁殖为用意。[②] 非洲之乌干达人的繁殖祭，如蟋蟀等图腾部族，也表演其图腾的动作，祈求蟋蟀的增长。象图腾部族所表演的仪式，佛来则认为与阿龙泰人的"阴特丘摩"式同一用意。[③] 北美阿马哈人鸟部族人的魔术仪式，意也同属祈求图腾的繁殖，即表演人喂谷于小鸟的场面。风云诸

---

① B. Spencer and F. J. Gillen: The Northern Tribes of Central Australia, p. 179.

② J. G. Frazer: Totemism and Exogamy. Vol. 2, p. 31.

③ J. G. Frazer: Totemism and Exogamy, Vol. 2, p. 503.

部族的人也同取动作为霜露下降的形状，形成模拟自然现象的舞蹈。

第三类 "阴特丘摩"式第二部

"阴特丘摩"式第一部仪式完成之翌日，接着举行第二部仪式。是为杀食图腾，暂时解放禁忌。

阿龙泰人此类仪式之主要的举行者有二部族，一为蚱蜢，一为袋鼠。

正当蚱蜢出现之际，部族的成员，各自外出捕捉蚱蜢，献给长老。长老将其捣为粉末而吃之，以其剩余部分分给成员。同样，袋鼠部族的成员，也于第一部"阴特丘摩"式终结之后，外出狩猎袋鼠，赠献老人，老人们吃尽袋鼠的肉，用脂肪涂于参加仪式者的身体上。夜间，成员则作袋鼠的装扮，歌舞以求助于图腾。如此反复十余日，仪式终了，就恢复图腾禁忌的常制。[1]

"阴特丘摩"式第二部的最大的特色为破除图腾的禁忌，杀食图腾。在此一定期间，食物禁忌的解消，实为集团间暂时弥补食物恐慌之特殊处置。杀食图腾动物既出于

---

[1]　B. Spencer and J. F. Gillen：The Nature Tribes of Central Australia，p. 204.

经济上不得已之要求，其仪式就全以向图腾赎罪为目的，如宰杀袋鼠时，取歌舞表演袋鼠的功绩，藉慰袋鼠的灵魂。全体成员又作体操跳舞，赎罪于图腾。

虾夷人的熊祭，即属此类仪式之遗制。每年有所谓"周扬曼达"（Jyamande）的祭式，系为送熊而举行，集众宰杀最崇敬的熊，共食其肉。杀熊之际，男女绕熊而舞，求赎于熊，与"阴特丘摩"式第二部全然同样。灰野庄平曾断定熊祭舞蹈确为图腾文化期的舞蹈之遗习。"盖熊祭已显示其动物崇拜之痕迹，而其真相，尤着重于杀害其所崇拜之动物而向其谢罪之一义。故熊祭的舞蹈，行于杀害神圣动物之际，向其作谢罪慰籍，祈求赐宥的动作。"据氏的报告，熊祭舞蹈的情形为：

未引熊出槛之前，男女盛装，绕槛舞蹈。先舞"夫伊雅"（Fuiya）式数回。主人引熊系于木桩。妇人绕熊而舞，跳舞方式，渐由简单而趋复杂。其间，青年们取弓引花矢向四方射熊，熊被射而呻吟。此时首长或勇者以利矢射熊，……复用二杆夹熊首，将熊杀掉。……二人引死熊到祭坛前，令熊俯坐而供酒。首长举杯行"加母伊娜美"（Kamuinomi）仪式。礼毕，取熊首插木杆上，剥去熊皮，以熊肉制肴，设宴欣饮。[1]

仪式中所谓"夫伊雅"式跳舞，即属"林西（Rimsey）式群舞之一种。大都男女合舞。舞者围为圈子，双手置于腰部，且歌且舞。最先屈上半身向前，作四十五度角。屈曲时微呼一声"华"（Wa），左足向前伸出，呼第二声"海克"（Haike）时，仰起上半身，再呼"华"声时，转伸右足向前。由于俯仰姿势的转换，左右两足互相伸展，呼声的前后反复，形成一种单纯的韵律运动。

佛来则于《金枝》（The Golden Bough）中述及斯林克（L. Von Schlenk）所见西伯利亚黑龙江（Amur）畔土人的熊祭，仪式也同一系统。熊宴之日，妇女举行奇异的跳舞。另有妇女独舞，转动其上半身作巧妙的姿态，两手握取木片，以为拍子。斯林克亦确断与熊舞有一致的意义。

目下图腾民族"阴特丘摩"式第二部，关于跳舞的记述材料，至为贫乏，上举两地的熊祭跳舞，既为其遗制，自可由此还原此类跳舞的情形了。

---

[1] 灰野庄平：《大日本演剧史》162页。

第四类 "伏龙魁" 蛇节

澳洲华拉孟加人纪念图腾祖先的仪式之要者为"伏龙魁"蛇节。神话中的"伏龙魁"蛇，住于马止孙山脉（Murchison）一带水洞中，它的住所被称为"特伯尔流"（Thapauerlu）。蛇尾住在洞里，头部伸延于百五十哩外。尾部竖立时，头可没入云际。华拉孟加人相传各部族为"伏龙魁"所生。涂尔干认为"伏龙魁"乃一个集合的图腾名词，各图腾部族共同承认与此动物有密切的血缘关系，"伏龙魁"实可视为更进步的图腾名词。故华拉孟加人虽分为幼流鲁（Uluuru）及金基里（Kingilli）二支族，而于"伏龙魁"的信仰，则共同一致。

据斯本塞及基伦所述："伏龙魁"仪式的执行，二支族的成员，常分任其职务，幼流鲁族的人们为主祭仪式之执行者；金基里族人为事前之布置，或参观者。仪式中，具有社会教育的意义甚多。跳舞常表演大蛇的神话传说，及集团共同遵守的礼节。仪式之夜，由十时起，二族的成员出现于场所而歌唱，达二时犹继续不绝。幼流鲁人排成行列跪于蛇形的小岗之前，复起立回绕于周围，稍稍前进，又返复跪于地下。各人双手常置腿上，身体左右倾倒。口中喊出 Yrrsh，Yrrsh，Yrrsh 的声音，帮助其动作；金基里人在旁奏乐相助。最后幼流鲁人再次环绕小岗歌舞；用武器将小岗击毁。

另一仪式中，跳舞的动作，多带戏剧的形式，且继续表演十余日。地域也随时变更，表演传说中大蛇所经过的地方。又取红色线条绘于表演者背上，令表演者模拟大蛇的动作，或盘屈地面，头部左右摇动，表演大蛇云游洞外，尾部仍藏洞中的故事。

其他一个纪念黑蛇仪式的跳舞，完全采取戏剧表演的场面，将故事节断为若干节目，作出幕的表演。演员以羽毛、彩色等作象征黑蛇的装饰，模仿蛇的蠕动，或歌唱黑蛇的历史，或围绕小岗而慢步，或屈低头部向地上的蛇形画地，表演黑蛇的足迹。[①]

澳洲图腾民族之外，北美印地安人也有同样的仪式。印地安人的传说中的雷鸟，正与华拉孟加人的大蛇相当。井美辛之雷鸟跳舞，即以纪念雷鸟为目的，其舞蹈最富戏剧的形式。跳舞者饰以鹰的羽毛，头戴雷鸟假面。或作电光闪灼，或作雷鸣的叫声，观众复取水从屋顶上淋下，淋湿舞者的周身，妇女则歌唱雷鸟的神话传说，合之于跳舞

① B. Spencer and F. J. Gillen: Across Australia, Vol. 2, pp. 396-414.

者的动作，形成戏剧的表演。[①]

第五类 "哥罗波里"

"哥罗波里"（Corrobborees）为澳洲土人的体操跳舞，流行地域颇广，又都构成图腾仪式中之重要部分。正如格兰特（Gerland）所说："一切的跳舞都是宗教的。"格罗斯虽云其无据，而主张大部分以热烈的情绪运动的美的表现及美的刺激为目的。[②]可是我们详细考察阿龙泰、华拉孟加各部族的图腾仪式，几无一不有"哥罗波里"的表演。如华拉孟加人的火祭（Fire Ceremony），"伏龙魁"蛇节，其他纪念图腾祖先的仪式；阿丽斯·斯伯令斯的阿龙泰人的"柴柴尼格拉"式（Tjitjingalla）的"哥罗波里"，此等跳舞，都非纯粹为美的刺激。

阿龙泰人的"哥罗波里"，极为庄严，继续举行一二周间。跳舞动作较为简单。在"柴柴尼格拉"仪式中，"哥罗波里"的表演者多为成年的男子，妇女极少。各部族的表演者未开始跳舞之前，各以石膏、木炭、红黄泥土等作身体涂色。跳舞既作，音乐与唱歌一齐合奏，歌词为表演

---

① F. Boas：Tenth Report of the Committee on the North Western Tribes of Canada，p. 50.

② E. Grosse：The Beginnings of Art，p. 227.

者自备。据斯本塞及基伦所记，舞者约十二三人，然亦无一定的规定。表演的形式，仅于观众前面排整行列，或前或后的转动，多取跳跃与高举膝部的动作。另一跳舞形式，舞者分为二部分，相向而立，后又逐渐集合为一列。每部分中的人又隔开相当的距离。当两列展开时，每人穿自他列的人的中间走过。他们这样互相变更地点的时候，恰好成为四方形的舞阵。舞者手中，还各持有长约四英呎的拍板，上端捆以人发，上下摇动，以助拍子。①

澳大利亚阿龙泰人"柴柴尼格拉"式的"哥罗波里"

① B. Spencer and F. J. Gillen：Across Australia, Vol. 1, pp. 238，240.

再据汤姆斯（Thomas）所述，维多利亚地方土人的"哥罗波里"情形，也颇一致，即"哥罗波里"多于月夜举行。场所惯在有树林的空地，中间燃烧薪火。舞者预先隐身树林之间，施行身体装饰。火堆之一旁，集合着妇女合奏队令忽然轧轧的声音作响，跳舞者遂出现于场面。跑入火光中的三十个男人，都以白泥涂身，两眼周边涂以轮环，腰部与四肢，各作长编。且以树叶缚于足踝，腰部围以皮革。妇女相向地列为马蹄形，她们完全裸体，膝上系着巧叠而紧张的袋鼠皮。指挥者立于妇女群与薪火之间，披着袋鼠皮裙，两手都持一棒。观众或立或坐，围成圆形。指捧者似检阅舞者般的览过一遍，又跑近妇女群，将手中之棒一拍，舞者电掣般列为一排，前进数步又止。指挥者复检查一遍，最后发以信号，即用二棒打合拍子，舞者从此一致地运动，妇女群且歌且叩击袋鼠皮，"哥罗波里"遂开始了。

跳舞中，舞者常保持精确的拍子，歌声与动作极相吻合。或跃向两侧，或前进，或后退尽量跃动。间又泳动双腕，双足跳动不已，体部时伸时屈。指挥者跳动不怠，用棒子打拍子时，双足前后跃动，又用高低不一的鼻音唱歌。彼且随时移动其位置：时向舞者前方，时而转趋尽力高歌着的妇女之前。及舞者达兴奋之际，拍子愈疾，动作亦愈急速，且摇动体部向空中跳跃。最后一齐发出尖锐的叫声，合一地恰如出自一人的口中。刹那间，舞者再隐藏向树林中了。场所暂时沉寂，指挥者再作一新的信号时，舞者忽又重现。这一次，他们却排列为曲线形。另一场合，或继续第一次同样的动作。妇女群时而高声唱歌，时而降低声音。结果，舞者同样的隐没于林中。其后第三，第四，第五次也取同一方式表演。但有一定的时间，舞者列为四排横队，第一队跳出侧边时，各队乃随之前进，合为一团，进到妇女群的前面。秩序极为良好，动作也依照一定的规则，达到最高的兴奋之点，舞者手舞足蹈的咆哮，妇女狂歌而击叩拍子。最终，指挥者高举双手向头上，高度的敲音打破了一切喧扰，舞者随之消逝了。[1]

密考比（Myncopy）人的体操跳舞，完全类似阿龙泰人"哥罗波里"的形式，即于茂林中之空地，集合身体涂色的男女约百人以上。妇女歌唱舞曲的叠句，坐于一旁。另一旁为观众席，他们一齐拍掌伴奏。同为舞曲及旋律的作者之指挥者，站于全体演员能看见的位置，足蹈响板的狭窄的一端，用枪弓支持身体。他一足踱按叩响板，为歌舞之拍子。当指挥者作宣叙调那样的独唱时，一切人们都沉静着，但一发歌唱叠句的信号，跳舞队又兴奋地跳入场中，尽力运动，妇女群的歌声也更加强烈了。舞者的动作：

---

① E. Grosse: The Beginnings of Art, pp. 208–211.

图腾艺术史

144

时而弯曲背部，以曲着膝的一足支持全身的重量。时而手与胸部平行，向前伸出，一手的拇指夹于他手之拇指与食指之间，其他的手指向上张出。且用一足飞跃，一足叩着地面的姿势一次一次的前进。前后进退，都按照响板及歌声的拍子。舞者一有疲劳，指挥者在改换拍子之间，即曲膝随拍子有规则地交互举动脚踵，作暂时的休息。[①]

北美印地安人的宗教集会，取类似"哥罗波里"的舞蹈形式者至多。集会惯以动物为专门名称，舞者也用该种动物身体的一部分为装饰品。摩尔根曾云：

> 美洲土人的跳舞为宗教仪式之一形式，一切宗教祭祀的场合，跳舞常构成仪式之一部分。世界各地未开化野蛮人间的跳舞，没有比印地安人更发达者。各部族常具有十组至三十组之多的跳舞。跳舞中的歌调、乐器、舞蹈方式、服饰，均有一定……跳舞乃贯通印地安人诸部族的一制度，又有关于他们的信仰及宗教仪式。[②]

所谓跳舞与宗教信仰有关，亦就指明图腾主义。据波

————————

① Journal of the Anthropological Institute, Vol. 12, pp. 390–391.

② L. H. Morgan：Ancient Society, p. 118.

亚斯所记：爱斯基摩人的跳舞，多在户外举行，冬期则在专为跳舞而建的场所。即一间高约十五呎，直径约二十呎，屋顶以雪堆成，中央一雪柱高约五呎，上置灯火，部族人们为歌舞而集中于此建筑物时，已婚的妇女，常沿墙壁凑为一列，未婚者凑成第二列的圈子。男子坐于圈内最中心的一层，儿童于入口之旁列为两群。跳舞开始之际，一男子打鼓进入场中，众人且歌且舞。歌由歌者自造。男人默然无声，妇女都以"Amna Aya"的声音加以唱和。舞者随大鼓的拍子而舞，左右摇动上身。[1]波亚斯所述，不甚完全，按之北美土人类似"哥罗波里"的举行，除联合各图腾部族作宗教集会仪式外，每一部族，也各有其特殊的图腾跳舞集会。据倭文女士（M. A. Owen）的报告，一个印地安老妇人告诉她，当老妇人自己还是一个孩子时，曾参加过种种的图腾跳舞会。其装饰均取动物的皮毛、鳞甲及假面为材料，大家一齐舞蹈。[2]又佛来则称阿马哈、波厄布罗（Pueblo）等土人也有同样有关图腾仪式的跳舞会，达科太人的野牛舞，即其例子。

综上各类仪式中所有的图腾跳舞，不外二种形式：一为动物模仿，一为"哥罗波里"前者以少数演员作单独

---

① F. Boas：The Central Eskimo.（Aunual Report of the United States Bureau of Ethnology，p. 600.）

② Miss M. A. Owen：Folklore of the Musquskie Indians of North America，p. 51.

的表演，后者为多数人群作一致的跃动。前者的动作由于固定的目的所诱导，后者由于狂热的情绪所引起。这两种的跳舞形式，不用说，都是被图腾集团的经济生活所决定。

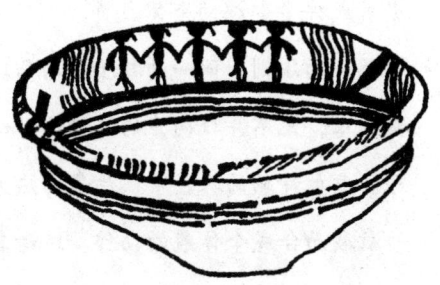

中国青海出土的新石器时代舞蹈纹陶盆，描绘了中国最早的集体舞蹈

　　动物的模仿跳舞为图腾民族之狩猎经济生活之再现，其义至明。"哥罗波里"对于图腾集团间的经济生产上的协力，也曾尽了重大的任务。澳洲土人的劳动生产，有两种不同的形式，互相交换举行。一为人口稀少的小集团，各自独立地从事狩猎捞渔。一为集中各部族的全体成员，作生活资料采集的协力，历经数日以至数月之久。以"哥罗波里"为主要仪式的图腾集会，即在此期间举行。

　　"哥罗波里"正为激励集团间实行大量的生活资料采取的咒术行为。我们可指出"哥罗波里"所表现这意义的两点。第一，各图腾部族共同协力的表现。格罗斯也曾理解这个意义，他说：

狩猎民族的跳舞，概为集团跳舞。通常一部族的成员或许多部族的全体成员，都参加演习。全集团依从同一的法则，同一的拍子而动作。一切记述原始跳舞的人，无不异口同声的惊叹这种动作的有整一的秩序。参加舞蹈的人，常被跳舞的热力所溶解，为情感所激展而合成个体般的动作。跳舞者完全沉醉于统一的社会状态之中，好象一个有机体的感觉与活动。①

中国内蒙古阴山岩壁画中的舞踏图

换言之，各图腾部族的成员于"哥罗波里"的群力的融合之中，克服不规则的，不固定的游离生活状态；舍弃不同的需求，不同的欲望，采取同一的目的，同一的感情作集团的总活动之表现。第二，"哥罗波里"为生产机能向上的表现。原始人类的情绪，一受特殊的刺激，至易陷入兴奋的状态之中，当各集团各自独立地从事生产劳动而引起生产力降低之际，忽而集合巨大人群作经济上共同的协力，由此解消了原来经济生活之矛盾。"哥罗波里"中如跳跃于血红的薪火中，放声咆哮，即为其由于孤立的，

① E. Grosse：The Beginnings of Art，pp. 228，229.

沉滞的生产状态转至异常腾沸的向上的状态的表现。反而又从"哥罗波里"之热烈的激励，促进生产机能的向上。

同时，图腾跳舞的形式，于戏剧发生史上的影响，尤为我们不能忽略。一切模仿动物动作的跳舞，可视为原始戏剧之萌芽。"伏龙魁"蛇节所有跳舞，完全排演大蛇的神话传说，令成员温习图腾部族的历史，产生了历史默剧的雏形。"阴特丘摩"式第一部尚插入述明动物发生经过的唱歌，是神话传说随着音乐的韵律而渗透于跳舞的动作，演为历史歌剧。再，表现图腾集团之一致活动"哥罗波里"，所有共同韵律之动作（Rhythmical Movement），实开戏剧要素分化之前路。故图腾的跳舞，即原始戏剧表演之一形式，而为戏剧产生之渊源。

第八章

图腾的音乐

一般地，把音乐分为声乐（Vocal music）、器乐（Strumental music）两种。图腾民族举行图腾跳舞的场合，正如其模仿图腾动作同样模仿图腾的喊声，声音随着有韵律的跳舞动作，自形成模仿动物声音的图腾声乐。"哥罗波里"之举行，也有采用图腾动物的皮、骨等制造的乐器，加以伴奏，由乐器发出之声音，采取舞蹈的拍子。是图腾民族间，又具有图腾的器乐了。

音乐、跳舞、诗歌之原始形态，向来有两种极其殊异的见解，即层位说（Stratification theory）与等时说（Synchronization theory）。前者以三者之发生，各自分离而有时间的前后及空间的层位。达尔文、斯宾塞主其说。后者相反地承认音乐、诗歌、跳舞三者之原始，实结合为不可分离的状态，是为格罗斯著名的三一致说。

中国湖北曾侯乙墓出土的木雕漆绘鸳鸯壶上的舞乐纹，舞人随着鼓声起舞

艺术发生的问题，无疑成为艺术发展史程中任何一点的重要问题。我们要解决艺术史上一切的问题，都须以此

为发轫点。因之，我们于图腾音乐的研究之前，音乐、诗歌、跳舞三者之产生问题，就有寻求正确的解答之必要。

原来层位说，为心理学者采取心理学或生物学的方法所考察的结论，其说不足据以说明原始人音乐、跳舞、诗歌的结合的形态，正如格罗斯所非难。他曾举出极显著的例证来：

> 音乐在最低文化阶段，是与跳舞诗歌极密切地连结而出现的。没有音乐伴奏的跳舞，原始民族或文明民族间，所得见的甚少。波特克多人的歌舞，没有不歌之舞，也没有无舞之歌。他们所称唱歌与跳舞，乃同一的言语。爱斯基摩人的跳舞，多以大鼓与歌唱伴演，为跳舞而建之屋宇，又不称跳舞场而称唱歌屋（Quaggi），其重视音乐可见。密考比人的跳舞仪式，同时又被视为音乐的仪式，其所准备工作之主要者为跳舞时所歌的独唱与合唱之练习。澳洲土人，妇女常参加男人表演的"哥罗波里"成为 Orchestra。布西曼的跳舞，合着大鼓与参观者的歌声之拍子而动作。①

儿山信一于诗歌起源之著作中，更进而举出 Ballad

---

① E. Grosse: The Beginnings of Art, p. 278.

Dance 的事实，彻底地否定层位说而申明他所以采取等时说的理由。云：

> 一切 Ballad Dance 中，正包含有原始的音乐、诗歌、跳舞结合的意义。诗歌之源泉也依存其间。故对民族心理学者如达尔文、斯宾塞等之以抒情诗为音乐艺术之最初形态，哈德（Herder）之以跳舞为最初产生之说，一概加以否定，而取音乐、诗歌、跳舞三者结合成一综合艺术之观点。即以 Ballad Dance 为最原始的形态为考察根据。[①]

白刺德（W. S. Pratt）所著音乐史书，也毫无疑义的承认音乐与歌舞人者非独立发展的艺术。他考察原始民族宗教仪式中所举行的跳舞会，没有不与音乐联合表演的。据云：

> 野蛮民族的音乐，极少发见成为独立的艺术，它常与跳舞连结而极密切地作一致的活动。凡有韵律的动作，应随着反覆不断的歌声而来，又拍掌或拍板所加入的歌声，也须求谐合于乐器。反之，唱歌的韵律，却又诱导自身体的动作。这样，韵律就不得不与

---

① 儿山信一：《日本诗歌之体系》23页。

跳舞、歌唱合为一起。[①]

　　由上可知原始音乐并非产生自人类纯美的享乐，而结合歌舞为集团同一目的的表现。或出自宗教仪式之要求，或出于直接有关于经济生产的魔术行为。综言之，音乐实为原始人类一切宗教仪式之一部分。层位说学者之视音乐为孤立发展的现象，适与事实相反。

　　图腾的音乐，全为图腾民族之集团间的经济协助的魔术行为，故图腾仪式中所有之音乐，无不与歌舞作合一的、同时的表现。如澳洲阿龙泰人的入社式、"阴特丘摩"祭、Alkira-kiuma、Iruntarinia 等式；华拉孟加人的"伏龙魁"蛇节；恩贝阿（Umbaia）人各部族的入社式；北美达科太人的野牛舞；德林克特人的跳舞会，阿玛哈，波厄布罗（Pueblo）人之收获祭，都是歌舞音乐同时并行。非洲各图腾部族的入社式，班都条人的"仁因"跳舞会（Zinyan Dancing），殆也以跳舞音乐混为一致。图腾音乐之研究，如取层位说的方法，它与其他姊妹艺术的内在关系，遂致不可了解。

　　图腾音乐既非孤立发展的艺术，其一切要素之组成，都由跳舞动作，歌声的韵律加以诱导，加以调整，而赖存

---

① 　W. S. Pratt：The History of Music，p. 26.

于有韵律的动作之中。

音乐要素之构成形式，即二音以上之强弱高低的调配。由于强弱音之次序的调配而生韵律（Rhythm），由于高低音之次序的调配而生旋律（Melody），由于高低音之同时的调配而生和声（Harmony）。我们可据此以考察图腾的音乐诸要素之结合的形式。

伴奏于"哥罗波里"的唱歌的声乐，从其跳舞动作之诱导，常含有很正确的韵律组织。声音强弱的调配，全以足步移动之前后、上下、轻重为标准。斯本塞及基伦所述澳洲华拉孟加人火祭中的"哥罗波里"的喊声是：

oh! oh! oh!

prr! prr!

prr! prr!①

这只是简单的强弱音的反覆，正如维特（Wied）所云波特克多人的粗野的歌声同样。即：男人的歌声不断地用三个或四个音，或高或低的交互地发出不明晰的怒号，气息概由胸的深处呼出。女子的声音虽不太高，然也不过二三个音之不绝的反覆。② 因为"哥罗波里"原也不过一

① B. Spencer and F. J. Gillen：Across Australia，Vol. 2，p. 421.

② Wied：Reisen in Brasilien，Vol. 2，p. 41.

两种简单的动作，来往反覆。斯本塞及基伦曾说，当第一次看到土人的"哥罗波里"时，觉得极有趣，可是看到两次以上，表演完全同样，便感到单调了。故随着这样简单的动作而发的声音，当然只有反覆转换其一二简单的音了。

澳洲的妇女之和唱于"哥罗波里"的歌声，却又不尽属粗野。格兰加（P. Grainger）速录其二调如下：[1]

旋律的配合上，也同样的简单，据路波森（J. F. Rowbotham）所称，澳洲人的"哥罗波里"，两行跳舞者持矛前后进退时所发的歌声，旋律极为简短，大概为：[2]

[1]　B. Spencer and F. J. Gillen：Across Australia. Vol. 2, p. 502.

[2]　J. F. Rowbotham：A History of Music, p. 50.

北美印地安人类似"哥罗波里"的跳舞之歌声，几也同一程度。常用极短的旋律，也没有一定的音程。波亚斯所发表的，就多为简短的旋律。非洲土人的宗教仪式，其和合跳舞的歌声，尤多使用短调，惯以短二度音程开始，韵律较为奇异。[1]

台湾土蕃的祭祖歌，多少地尚存"哥罗波里"的喊声的形态，如：

> Hai oh oh hai ali yi las
>
> Tsin mong ki kim lian
>
> Chiao ho liu di mi mi
>
> Chiao liu mi mi lian[2]

故其群舞也与"哥罗波里"有类似之点。而歌声，复有近于和声的组织，据林惠祥述云：

---

① 掘内敬三：《世界民族音乐》6页。

② 林惠祥：《台湾番族之原始文化》音乐项。

……诸番女即排成圆阵，各人之手都向两旁张开相接，但非与两边之第一邻伴相接而系越过第一邻伴与第二邻伴相接，相牵接之两手，即在中间人之腹前。有一人领头开口先唱，大众随之赓和，……奏时歌舞并作。其舞法，上身倏俯倏仰，两足进退开合，有时众足同时一顿，如此更迭动作，与歌声应和。全队继续向右旋动，循环而行，奏至酣畅时，歌声激扬，足步也变为急速。有时歌声中忽参插以极曼妙之一和声调，想系选歌喉最佳者，于要紧处参加一二声，以增歌声之美妙。①

图腾民族的"哥罗波里"的歌声之外，尚产生一种模仿动物叫声的声乐。图腾集团的入社式，既有教育新成员的用意，故使新成员学习图腾的叫声，演成模仿动物的声乐，则为很普遍的现象。北美塔克萨斯印地安人，狼图腾部族的青年，曾跪地下，由长老给与武器，教其学习狼的样子及狼的叫声；西珂人入社的青年也学习狐的叫声；达科太人野牛舞时，也模仿野牛的声音；德林克特人，跳舞者也同样的仿效动物的喊声。② 甚至阿龙泰人的"阴特丘

① 林惠祥：《台湾番族之原始文化》下篇大武窟之夜条。
② J. G. Frazer：Totomism and Exogamy，Vol. 3，pp. 138，276.

摩"祭也有模仿图腾的叫声，歌述图腾祖先的故事，他们的声音为：

Yai yai kukai

UI lai arai

Yai yai Kukai

Yai yai olcheri

Mal arai[1]

"伏龙魁"蛇节中，华拉孟加人的歌声是：

Da dun burri wurri a

Da dun burri wurri a

Da iwun ma

Da dun burri wurri a

Da iwun ma[2]

此等声音，虽微有变形，而源自模仿图腾喊声，仍不难寻找其痕迹。音乐之发生仿效动物声音的形式，大概为叔本华（Schopenhauer）所否认的吧。据氏所论：

---

[1] B. Spencer and F. J. Gillen：Across Australia，Vol. 2，p. 271.

[2] B. Spencer and F. J. Gillen：Across Australia，Vol. 2，p. 403.

音乐乃完全脱离现象界而能成立于所谓现象界全然不存在之上，它不能与其他的艺术并论。①

如然，则音乐当为纯粹孤立的现象，无关模仿任何自然的声音的了。

然而我们决不能承认音乐为孤立的至上艺术。实则一切音乐的原始形态，无不经过模仿动物声音的一阶段，盖图腾制既为原始人类社会必然发生的组织，由于图腾的魔术要求，模仿图腾之声乐，尤为应有之现象。

约略考察中国上古音乐起源的传说，无论声乐器乐，均足以找寻出模仿动物声音的遗意。《管子》云：

> 凡听徵，如负猪豕觉而骇。凡听羽，如鸟在树。凡听宫，如牛鸣窘中。凡听商，如离群羊。凡听角，如雉登木以鸣……

是则音调的配合，又以模仿自然声音为根据了。《晋志》尚述黄帝模仿动物喊声而行使魔术的传说，云：

---

① E. Grosse：The Beginnings of Art，p. 279.

蚩尤氏师魑魅与黄帝战于涿鹿。帝乃命吹角为龙鸣以御之。

就今日未开化民族间，仿效动物的声音以御魑魅，也为常见之现象。海南岛黎人却用此作求佑祖先的呼喊。《海槎馀录》：

> 黎人善射好斗，积世之仇必报。每会亲朋，各席地而坐。酣顾梁上弓矢，遂奋报仇之志……饮醉，鼓众复饮，相与叫号，作狗吠之声。辄二三夜。自云：本系狗种，欲使祖先知而庇之也。

既自云狗种，图腾的遗意尤为显明。而战前必作图腾的喊声祈求庇佑，与澳洲土人于战争前夜的歌舞，即勃克利（Buckley）所谓"战斗开始之前，一男子于队员之前，且歌且舞"应是同一情形了。

其次，论及图腾民族的器乐。

根据华拉士克（R. Wallashck）的意见，笛为原始民族最先存有的乐器，次而钟、鼓、喇叭、铃、弦乐器等。此为忽略音乐与跳舞的一致关系之错。格罗斯承认原始民族的乐器之使用，全出自采取跳舞的拍子的要求，故一切狩猎民族中，几无不有鼓的存在，大鼓实可称为"乐器中之最原始，又最古的形式"①。路波森更将原始乐器分为三形式，即鼓、笛、弦。又划分器乐发展的阶段为三，也以鼓为最先，笛次之，弦最后。（First Drum Stage，Second Pipe Stage，Third Lyre Stage.）划分的程序，完全按照乐器构造之简繁。且最足为鼓系最古之乐器的证明者是："各野蛮人间，有时可以单独的使用鼓，而笛弦则永不见单独的使用；如果他们有笛必带有鼓，有弦又必有用鼓与笛。"② 图腾民族的乐器，因各地发展的程度不同，已进而入复杂的阶段，然仅有单独使用大鼓，没有单独使用笛弦，乃为铁般的事实。同时图腾民族的经济生产，概以狩猎为主，采取动物的皮制造大鼓，也属必然。笛弦等器，因具有复杂之构造形式，出现当较后期。澳洲各部族，除大鼓外，其他乐器均不存在。故对于图腾的器乐史的考察，路波森的三阶段的划分，却是十分适用的。

澳洲人举行"哥罗波里"的时候，妇女为给与跳舞者的拍子而打的鼓，就是各人膝上伸张着的一块袋鼠皮，其中也有巧妙地张皮于木柱中，制为罐形大鼓，恐又非为澳洲人自身发明之物。另又据路波森的研究，澳洲人采取拍子的办法，还有更原始的简单的形式，即用二枝树枝合拍，或摇动一束树枝，或由旁观者蹈足于地，拍手以凑合

---

① E. Grosse：The Beginnings of Art，p. 288.

② J. F. Rowbotham：A History of Music，p. 2.

其舞蹈。甚至以手掌打动口唇，或将皮衣卷成球状，以手敲打而取拍子。这都是鼓一阶段里最原始的形态。阿龙泰人"柴柴尼格拉"式的"哥罗波里"中，跳舞者手中又持两片木板，上端捆扎头发，上下转动，别的场合，双手另持叉形的枝状物以其敲音为拍子。[1] 龙荷止（Lumholtz）尚称其拍板也有加人工的制造，稍具人工乐器之形者。即："用坚质的木材，作厚的楔形之棒，叩之得极强的声音。"[2] 综上所记，澳洲土人的图腾乐器，仅有从敲击发声之一类，即路波森所指鼓阶段而已。而能伸张动物的皮于木柱，制为人工的乐器，我们不能不认其为鼓阶段中极进步之形式。

北美爱斯基摩的图腾跳舞，也多用鼓声以配合其韵律的动作。鼓的制造，又较澳洲人者进步。鼓形都作圆筒状，外附手柄，周边及手柄，用木或鲸骨制造，上面张以海豹、冰鹿等

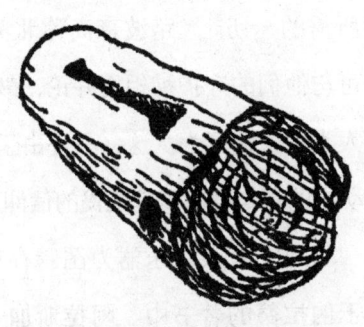

中国少数民族佤族的空心木鼓

皮。直径约三呎，用长十吋，厚三吋之槌棒叩击之。[3] 同

---

① 　B. Spencer and F. J. Gillen：Across Australia，Vol. 1，p. 240.

② 　Lumholtz：Unter Menschenfressern，p. 200.

③ 　F. Boas：The Central Eskimo.（Annual Report of the Bureau of Ethnology，p. 601.）

时印地安人对鼓的崇拜，所表现的图腾意义，较任何图腾民族更为显明。阿拉斯加一带土人的鼓上，描写图腾的图象。其中之一，在边缘作大线条，中间画上鲸鱼图案，其口张大，背后鱼翅直立。下部作小鱼的头部，与图腾柱的描写，全然一致。[①] 显系图腾记号无疑。其他尚有鼓的神话传说，以鼓具有特殊的魔力，全与图腾信仰有关。如拉伯兰人（Laplanders）相信部族中的巫人用鼓为产生魔力的渊源，若有鼓的助力，他可随意所之，可使其灵魂跑到遥远的异地，或驰游于天上，或潜行于地下。且能预言用何种方法使狩猎获得好果，用何方法可取回一只逃亡了的冰鹿。总之，鼓的能力，可以助巫人达到获得部族成员生活所需的一切。[②] 路波森尚称北美洲土人所信仰的鼓神，尚可与他们的守护神相提并论，鼓神也与守护神同样地监视人类的生活行为。这，不外由于鼓的制造材料之取自图腾动物的骨与皮而引起敬畏的信仰。

印地安人崇拜乐器为图腾存在物之另一事实，尚得见于伯拉德的著书中。阿拉斯加一带土人的石笛，往往雕刻着图腾的纹样。两端刻为柱状，中雕人体及雷鸟之形。[③] 而用角材制成弓形之笛，也传说其与武器同样可以

---

① 宫武辰夫：《阿拉斯加所见原始艺术》82页。

② J. F. Rowbotham：A History of Music，p. 12.

③ W. S. Pratt：The History of Music，p. 28. With Fig. 1.

克服敌人的灵魂，复能治疗疾病，行使巫术等。那么，角笛的崇拜，还是材料取自图腾动物的关系。

印地安人的弓弦，同为图腾仪式中，配合于舞蹈所必备的乐器。阿拉斯加土人跳舞使用的弦器，多制为弓形，附着粗大的弦索，弓上也刻着鸟的纹样。① 则北美图腾民族的器乐，已发展到弦器的阶段了。

非洲布西曼也有弦器

尼泊尔巫师在跳"驱魔"舞

的存在，即以弓变形而成，在弓之一端上，附弦的末端与木材之间，插入一有刻痕之叶形的平滑的鸟羽之茎，羽茎被演奏者的唇含着，由出入的呼吸而振动之。据来伯兰特（Levaillant）所言："巧妙的演奏者，常为着正确地奏出种种的音调而注力作多次的练习。同时练鹤的演奏者，以更大力的吹奏，可发出如'哥拉'音之极快感的乐器般的第八度高音。"②

① 宫武辰夫：《阿拉斯加所见原始艺术》图版46。并参照说明。

② E. Grosse：The Beginnings of Art，pp. 290，291.

中国云南开化铜鼓上的芦笙乐队纹饰，可以看到吹
奏和打击乐器，人们在伴奏中还唱着歌

综上以观，图腾民族的器乐之发展，各地每具不同的
形式。澳洲人仅有敲器之鼓类，北美及非洲土人，兼有笛
弦。澳洲人的乐器，固可看为原始的形式，然所谓笛弦两
类的乐器，出现于美非两洲土人间者，原为稀有的现象。
事实上，图腾的器乐，不过用以取得跳舞的拍子，鼓类敲
击之乐器之音调，已可满足其要求。由于乐器的简单，发
声也仅作简单的旋律，不能与声乐具同样的组织形式。同
时，一切图腾民族之使用音乐，既为供给跳舞拍子之采取，
如说图腾的跳舞为造成图腾仪式的一部分，则图腾音乐，
更为构成图腾跳舞之一要素；而于图腾集团间所担负的社
会任务，正如其他图腾艺术同样轻重。这也足暴露达尔文
一派之以原始音乐为吸引异性之工具的见解之缺陷了。

第九章

结　论

图腾艺术为原始艺术中之一部分，以上我们已从原始艺术中把图腾艺术指点清楚。由此可以说明图腾艺术之本质了。

一切艺术都是人类社会经济生活的反映，其内容及形式，必然地为生产条件所决定，而艺术之变化发展诸形态，也同样受经济组织之变化发展诸形态所限制。同时，艺术又决不是空虚的、无用的游技，它对其下层的经济机构，还负有反作用的任务。图腾艺术，无疑是发生于原始狩猎民族的经济生产的基础上的产物，反作用于社会机构上者如同体化、魔术效能等，得赖之以严密其图腾集团的组织。然而历来的人类学者、民俗学者、艺术学者、生物学者而至社会学者，为着研究方法的各异，完全曲解图腾艺术的意义。不消说，在理解人类全部艺术史之产生发展消灭等过程中，成为极重大的问题了。

达尔文为艺术之生物学的解释之建立者，彼由人类及高等动物的比较考察之结果，承认人类的艺术活动，完全为着性的夸示，据彼所云：

鸟类之雄者张开优美的羽翼，又夸示其美丽的色彩于雌者之前，缺乏色彩而不能同样夸示于雌者的他种鸟类见之，当然有想到雌者在欢赏雄者的美饰之事实。无论何地的妇女，爱以羽翼为装饰品的，也无非因其色的优美。蜂鸟的巢穴，无双鸟的场所，常取优美的色渺为装饰者，也不外表示其从景物之欢赏而得到美的快感。且美的好尚，就为着引起异性之注意，繁殖期中的雄鸟发出美妙的叫声，确以给与雌鸟欢赏为目的，雌鸟如不能鉴赏雄鸟的美丽的色彩及声音，则雄鸟之夸示的苦心，结果变为徒劳之举了。①

　　达尔文这样把原始人类与高等动物的审美观念相提并论，决定人类的艺术活动，同为男性献媚女性之结果，故一切原始人类的身体装饰，完全出自性的动机。其说之缺陷，历经比较心理学者的指摘。就据上述图腾民族之不固定的身体装饰，系表现集团共同图腾信仰的媒介，由此直觉而增强图腾信仰的记忆之程度。又为着模仿图腾动物外形而施行毁齿、穿鼻、镶唇、切创等身体毁伤，也为图腾集团的同样化之结果。韦士特马克（Westermarck）则认为出于春情发动期之性的冲动。②希伦（Y. Hirn）更说：原始民族之于耳唇口鼻之身体装饰，意在改变容貌以奇异的丰采，给与异性以有效的印象，冀求异性之宠爱。③与

---

① 　C. Darwin；Origin of Species.

② 　Westermack：History of Human Marriage，Vol. 1，p. 516.

③ 　Y. Hirn：The Origins of Art，p. 208.

达尔文之性的冲动说源同一辙，将图腾的意义抹煞无余。

跳舞音乐之起源，达尔文一派也多云其由于原始人类性欲的冲动之要求。达尔文考察下等动物而至高等动物的叫声，证明具有者乐要素的声音，确系雄者向雌者献媚之工具。一切哺乳类动物的雄者之发声，都以繁殖期内居多。某种动物，尚用其叫声作恋爱的呼喊，给与雌者以美的快感。同样，人类的音乐、跳舞，也不外以维持雌雄淘汰为目的。格罗斯尚多少地承认其说，云其有增进性的快感之效能。他说：

狩猎民族的跳舞，普通单由男性表演，妇女只吹奏音乐以伴奏。男女共同参加的跳舞之存在，则又显明地有激励性的欲望之目的。然就单独男性表演的跳舞，亦可断定其有增进性欲的作用。[1]

达尔顿（Dalton）于其著书《孟加拉之人种》（*Ethnology of Bengal*）及利文（Lewin）之《野蛮种族》（*Wild Races*）书中，更称印度土著之种族如门达利斯（Mundaris）、来沙士（Rasas）、哥尔斯（Kolhs）、松达尔（Sonthals）、巴雅斯（Bhuiyas）、周克马（Chukmas）

---

① E. Grosse：The Beginnings of Art，p. 228.

第九章 结论

及哥杨塔（Khyoungthas）等族，每于求婚之际，必以跳舞等艺术活动为媒介。若据此以观各地图腾民族之仪式跳舞，全然不可理解其图腾用意。如北美印地安人每部族中，各有其图腾的跳舞集会，舞者都化装为图腾的外形及模仿图腾的动作，所负有的图腾任务，早经倭文女士所证实。[①]澳洲图腾民族之"阴特丘摩"式的跳舞，也属行使类似魔术的行为，与雌雄淘汰更无关系。又由于模仿图腾之喊声所形成的图腾声乐，乃刻意于求祐图腾，绝无给与女性以快感之意。

其次，斯宾塞所倡导的游戏冲动说，其曲解图腾艺术之社会意义，尤不能为我们所忽视。按之游戏冲动说一名词，先由康德（Kant）提出，经席勒（Schiller）而至斯宾塞，遂据以作生物进化论之解释。依照斯宾塞所述，一切生物都尽耗其所有之精力作个体及种族的维持，高等动物——尤其人类——则尚能保存"多余的、无用的精力"（Superfluous and useless energy）。多余的精力之求消耗，是为游戏冲动。游戏冲动的主要特征，完全与生活维持上必要过程的直接劳动绝缘，游戏者也无追求一定的功利目的。例如猫之捕鼠时为追求猎获食物之目的，猫在戏球时，却全又为无关实际生活维持之游戏了。作为最高等

---

① Miss M. A. Owen: Folklore of the Musquskie Indians of North America, p. 51.

动物的人类的艺术活动之要求，就不外游戏冲动之结果。[1]
故一切的艺术，应存在于实际生活以外，成为消耗多余的
精力之游戏的形式。

与斯宾塞一致地以"过剩的精力"为解释艺术之基
础理论的，尚有华勒斯（Wallace）、哈得生（Hudson）
等。华勒斯虽将"过剩的精力"一语更为"精力之不应用
者"（Inapplicability of energy），或"不能使用之精力"
（Unemployed energy），而解释艺术之源出游戏冲动，仍
无稍异。格鲁斯（Kari Groos）进而具体地从动物生活中
研究人类精神生活之起源。所著 *Des Spiele der Mensehen*
一书，极力阐发艺术的活动，完全依存于动物及人类共通
的游戏本能基础之上，由此建立艺术为模仿游戏之假说。
在斯宾塞，不过消极地指出游戏的艺术活动，由于生活上
无必要的过剩精力所产生，格鲁斯更指出比生理现象更根
本的生物本能冲动的结果。即：一切生物的游戏，非特不
是消耗过剩的精力，反而被促自不得不游戏的本能，人类
的艺术活动也即不外游戏本能的冲动之表现。[2]

游戏冲动说之诸学者中，无论斯宾塞、华勒斯、哈
得生、格鲁斯，所论游戏冲动之基础，虽各殊异，然由于
游戏冲动而产生之艺术活动，则一致地看为无实际的社会

---

[1] H. Spencer：The Principles of Psychology，Vol. 2，p. 627.

[2] 大西升：《美学及艺术学史》221页。

175
第九章 结论

意义之游技。这么一来，图腾民族的壁洞浮雕、住所及用具等装饰，都只是过剩精力的消耗，毫无关系于实际的目的了。又，入社式之模拟狩猎的跳舞，也同可视为原始人类的娱乐集会，或作假象捕捉的游戏。其所象征图腾祖先赐与新成员以狩猎技术的魔术意义，亦应加以否定。我们假设欧洲旧石器时代遗洞所见的图腾雕刻艺术，仅系原始人类一时游戏本能冲动的结果，何以贯通一冰鹿期的图画雕刻，都以动物为描写对象？地域无论东西，如印度、西伯利亚等处同时代之原始人类艺术，何以也表示一致的倾向？显明地，游戏冲动说之于图腾艺术的社会意义，概无理解的了。

达尔文、斯宾塞诸派于生物进化论中寻求艺术的本质的结果，我们仅仅由于图腾艺术之史的发展的特殊意义的研究，已可指出其重大的错误，研究方法是达到正确结论的手段，我们对于一切表现生产劳动状态的艺术之发生过程，就非从人类社会的经济生活中寻求解释不可了。

附录一　中国图腾跳舞之遗制

中国史前社会之同样经过图腾制的阶段，史籍中所见的痕迹极多。傩，百戏等富有图腾意义的跳舞，至为显明，特先附录于此。

春秋前后，傩舞习俗的用意，已转为驱邪逐疫；百戏、角觝等舞也演变为民间节会的娱乐之一形式。然跳舞中的动作、仪仗、身体装饰，仍然有模仿动物的用意，所表现的图腾跳舞的痕迹，至易找寻。

传说中的"百兽率舞"，无疑即为原始人类模仿动物的舞蹈。《竹书纪年·帝舜元年》：

即帝位……击石拊石，以歌九韶，百兽率舞。

《吕氏春秋·仲夏纪》：

帝尧立，乃命质为乐。质乃效山林溪谷之音以歌，乃以麋鞈置缶而鼓之；乃拊石击石，以象上帝玉磬之音，以致舞百兽。

《拾遗记·神农氏》：

……奏九天之和乐，百兽率舞，八音克谐。

诸家所注，常以真实的鸟兽化德而舞。如《尚书》所记：

笙镛以间，鸟兽跄跄，凤凰来仪。

其注即云：

鸟兽化德，相率而舞。

实则不过跳舞者模仿动物之化装，模仿动物之动作而已。模仿鸟类的跳舞，也多得见。《竹书纪年·帝喾》：

……代高阳氏，王天下，使鼓人拊鞞鼓，击钟磬，凤凰鼓翼而舞。

《史记》：

师旷援琴鼓一奏，有玄鹤集于门廊，再奏之，延颈而鸣，舒翼而舞。

《穆天子传》卷五：

天子射鹿于林中，乃饮于盂氏，爰舞白鹤二八。

又有模仿象舞。《竹书纪年》：

成王八年，春正月，初莅祚亲政，命鲁侯禽父，齐侯伋迁庶殷于鲁，作象舞。

又，《礼记》：

犹杂子女。

其注曰：

舞者如猴戏。

也同属动物跳舞之一形式了。

百兽之舞，象舞、鹤舞、猴舞等都模仿动物的动作，或作类似动物的装扮，当与目下图腾民族的跳舞同样情形，可释为氏族社会中所举行的图腾跳舞遗制，亦极适当。然入汉代，此等跳舞完全消失宗教仪式的意义，转为官庭的娱乐之技艺。张衡《西京赋》：

总会仙倡，戏豹舞黑，白虎鼓瑟，苍龙吹篪。

注曰：

黑、豹、熊、虎、皆为假头。

《古今合璧事类备要》所引有：

五代崔税迁太常。高祖诏太常复文武二舞。冬至，高祖会朝崇元殿，庭设宫县之舞，……文舞郎八脩六十有四人，冠进贤冠，黄纱白袍，中单白练，褾裆白布，大口袴，革带屣，左执籥，右秉翟，执县引者二人。武舞郎八脩六十有四人，服平巾帻，丝在尤袖，绣裆甲金，饰白练褾锦腾蛇起，梁带豹文，大口袴，马靴，左执干，右执戚。执旌引者二人，加鼓吹十二，按负以熊豹，以象百兽率舞……

是则又有动物模仿之舞蹈了。而作为宫庭娱乐或祭祀的跳舞，图腾原意已失，但取假面作动物模仿的形式，尚与今日印地安人的假面跳舞会同。

隋代角觝之戏，不特使用动物假面，作类似图腾民族的跳舞，其场面且燃薪火，不失澳洲人"哥罗波里"的本色。《隋书·柳彧传》：

> 或见都邑百姓，每至正月十五日，作角觝之戏，递相夸竞，至于糜费财力。上奏请禁绝之曰："臣闻：窃见京邑，爰及外州。每以正月望夜，充街塞陌，聚戏朋游，鸣鼓喧天，燎炬照地，人戴假面，男为女服，优倡杂技，诡状异形……"

狮子舞亦为动物模仿舞蹈的变形，《通俗编·狮子舞》：

> 周武帝时造，亦谓之五方狮子舞。缀毛为狮子，人居其中，像其俯仰驯伊之容，二人持绳秉拂为习弄之状，五狮子各依其方色。

《乐府杂录·龟兹部》：

乐有觱篥、笛、拍板、四色鼓……戏有五方狮子，高丈余，各衣五色，每一狮子有十二人，戴红抹额，衣画衣，执红拂子，谓之狮子郎舞。

白居易《新乐府·西凉伎》：

假面胡人弄狮子，刻木为头丝作尾，金镀眼睛银帖齿，奋迅毛衣摆双耳。

大概与目下广东各属元宵的"舞狮"的情形相仿佛。

其次，关于傩舞。傩的起源，传说皆云用模仿动物的跳舞以驱逐四方疫鬼。《古今事类全书》卷十二，十二月条：

昔颛顼氏有三子，亡而为疫鬼。一居江水中为溺鬼。一居若水中为罔两蜮鬼。一居人宫室区阳中，善惊小儿为小鬼。于是以岁十二月，命祀官时傩，以索室中而驱疫鬼焉。

《后汉书·律历志》：

季冬之月，星回岁终，阴阳以交，劳农大腊，先腊一日大傩，谓之逐疫。

然《吕氏春秋》所云，则兼作祈禳之意，且行于春、秋、冬三季。《季春纪》云：

是月也，乃合累牛腾马，游牝于牧，牺牲驹犊，举书其数。国人傩，九门磔禳以毕春气。

《孟秋纪》：

是月也……五音备度，天子乃傩，御佑疾以通秋气。

《季冬纪》：

命有司，大傩，……以送寒气。

《古今事类全书》卷十二，十二月条：

前岁一日，击鼓驱疫疠之鬼，谓之害除，亦曰傩。

《月令章句》则云：

> 日行北方之宿，北方太阴，恐为所抑，故命有司
> 大傩，所以抶阳抑阴也。

傩舞虽已与图腾用意无涉，然其舞蹈情形，完全类似图腾的跳舞。《周礼》云：

> 方相氏掌蒙熊皮，黄金四目，玄衣朱裳，执戈扬眉，师百隶而事傩。

所谓掌蒙熊皮，即与北美达科太人的披野牛皮而舞同样。其注又曰：

> 冒熊皮者，以惊疫疠之鬼，如今魌头也。魌头，犹言假头。字亦作颗，俱，《说文》："颗字，注云：丑也。"逐疫有颗头。荀子《非相》篇："仲尼面似蒙俱。"注曰："蒙俱，方相也。"然蒙熊皮似非纳相而已。慎子曰："王嫱，西施，天下之美姣也，衣之以皮俱，则见者皆走。"可以互参。盖为周身蒙冒之具，若亦师子舞之缀毛为衣，人居其中也。

俱头既为兽类假面，傩舞之刻意于动物模仿可知了，《后汉书·礼仪志》又云：

先腊一日，大傩，谓之逐疫。其仪：选中黄门子弟年十岁以上，十二以下百二十人为侲子。皆赤帻皂制，执大鼗。方相氏黄金四目，蒙熊皮，玄衣朱裳，执戈扬盾。十二兽有衣毛角，中黄门行之。冗从仆射将之，以逐恶鬼于禁中。夜漏上水，朝臣会：侍中、尚书、御史、谒者、虎贲、羽林郎将执事。皆赤帻，陛卫，乘舆御前殿。黄门令奏曰："侲子备，请逐疫。"于是中黄门倡，侲子和曰："甲作食胸，胇胃食虎，雄伯食魅，腾简食不祥，揽诸食咎，伯奇食梦，强梁、祖明共食磔死寄生，委随食观，错断食巨，穷奇、腾根共食蛊。凡使十二神追恶凶，赫女躯，拉女干，节解女肉，抽女肺肠，女不急去，后者为粮。"因作方相十二兽舞，嚾呼，周遍前后省三过，持炬火，送疫出端门。门外，驺骑传炬，出宫司马阙门，门外五营骑士传火弃雒水中。百官官府各以木面兽能为傩人师讫，设桃梗、郁儡、苇茭毕，执事陛者罢。苇戟、桃杖以赐公卿、将军、特侯、诸侯云。

隋代傩舞，尚无变更，《隋书·礼仪志》云：

齐制：季冬晦，选乐人子弟十岁以上，十二岁以下为侲子，合二百四十人；一百二十人赤帻、皂褠衣，执鼗。一百二十人赤布袴褶，执鞞角。方布氏黄金四目，熊皮蒙肯，玄衣朱裳，执戈扬楯。又作穷奇、祖明之类凡十二兽，皆有毛角。鼓吹令率之，中黄门行之，冗从仆射将之，以逐恶鬼于禁中。其日戊夜三唱，开诸里门，傩者各集被服仪仗以待事。戊夜四唱，开诸城门，二卫皆严。上水一刻，皇帝常服即御坐，王公执事官第一品以下、从六品以上倍列预观。傩者鼓噪入殿西门，遍于禁内，分出二上阁，作方相与十二兽傩戏，喧呼周遍，前后鼓噪。出殿南门，分为六道，出于郭外。

唐代傩舞，《唐书·礼乐志》也云：

> 大傩之礼，选人年十二以上，十六以下为侲子。假面赤布袴褶。二十四人为一队，六人为列。执事十二人，赤帻赤衣，麻鞭，工人二十二人。其一人方相氏假面，黄金四目，蒙熊皮，黑衣朱裳；右执楯。其一人为唱帅，假面皮衣，执棒鼓角各十，合为一队。队别鼓吹令一人，大小令一人，各监所部，巫师二人，以逐恶鬼于禁中。

《乐府杂录·驱傩》又云：

用方相四人，戴冠及面具，黄金为四目，衣熊裘，执戈扬盾，口作傩傩之声，以除逐也。右十二人皆朱发，衣白口画衣，各执麻鞭，辫麻为之，长数尺，振之声甚厉，乃呼神名，其有甲作食凶者，肺胃食梦者，腾简食不祥者，揽诸食咎者，祖明强梁共食磔死寄生者，腾根食蛊者等。侲子五百，小儿为之。衣朱褶青襦，戴面具，以晦日于紫宸殿前傩。张宫悬乐。太常卿及少卿押乐正到西阁门，丞并太乐署令、鼓吹署令、协律郎并押乐在殿前。事前十日，太常卿并诸官于本寺先阅傩，并遍阅诸乐。其日大宴三五署官，其朝察家皆上棚观之，百姓亦入看，颇谓壮观也。……

宋代傩舞，不失上代的辉煌，扮演跳舞尤盛。《东京梦华录》云：

至除夕，禁中呈大傩仪，并用皇城亲事官。诸班直戴假面，绘画色衣，执金枪龙旗。教坊使孟景初，身品魁伟，贯全副金锻铜甲，装将军。用镇殿将军二人，亦介贯，装门神。教坊南河炭丑恶魁肥，装判官。又装钟馗、小妹、土地、灶神之类共千余人，自禁中驱祟出南薰门外，转龙弯，谓之"埋祟"而罢。

　　观此，尚有装扮钟馗之类作戏剧的表演。目下民间所见道士的建醮中有"逆秽逐疫"一科，或即承傩舞而来者。

　　以上粗率地列举百兽率舞、鹤舞、象舞、百戏、角觝、狮子舞、傩舞等的动物模仿跳舞，略可窥见中国图腾跳舞的遗制。此外各地民间习俗中有牛舞、祈年舞；贵州苗族之跳月，海南岛黎族的夹足舞、槃瓠舞，都与图腾跳舞有关。日后若有调查机会，当详为述之也。

附录二　中国民族的图腾制度
及其研究略史

图腾主义是一切民族于采集狩猎经济生产阶段上必然发生的社会体制，我国也不例外。据文献记载及近日的调查，中国境内各民族的起源传说，有些与世界各族的图腾传说，颇相类似。最显著的有：

（一）殷人的玄鸟传说。《诗·商颂》云："天命玄鸟，降而生商。"《史记·殷本纪》述商祖契云："殷契，母曰简狄，有娀氏之女，为帝喾次妃。三人行浴，见玄鸟堕其卵，简狄取吞之，因孕生契。契长而佐禹治水有功，帝舜乃命契曰：'百姓不能亲，五品不训，汝为司徒而敬敷五教，五教在宽。'封于商，赐姓子氏。"

（二）周人的姜嫄履大人迹传说。《诗·生民》述周祖后稷的感生故事云："厥初生民，时维姜嫄，生民如何，克禋克祀，以弗无子，履帝武敏歆，攸止攸介，载震载夙，载生载育，时为后稷。"《史记·周本纪》郑周后稷，名弃。其母有邰氏女曰姜嫄，姜嫄为帝喾元妃，姜嫄出野，见巨人迹，心忻然悦，欲践之，践之而身动如孕者。居期而生子，以为不祥，弃之隘巷，马牛过者皆辟不践，徙置之林中，适会山林多人，迁之，而弃渠中冰上，飞鸟以其翼覆荐之。姜嫄以为神，遂收养长之，初欲弃之，因名曰弃。"

（三）秦人的祖先中，亦有些是鸟名、兽名，更有些鸟身人言。《史记·秦本纪》："秦之先，帝颛顼之苗裔，孙曰女修，女修织，玄鸟陨卵，女修吞之，生子大业。大业取少典之子曰女华，女华生大费……大费生二子，一曰大廉，实鸟俗氏。二曰若木，实费氏。其玄孙曰费昌……大廉玄孙曰孟戏、中衍，鸟身人言……其玄孙曰中潏，在西戎，保西垂，生蜚廉，蜚廉生恶来……蜚廉复有子曰季胜，季胜生孟增，孟增幸于周成王，是为宅皋狼，皋狼生衡父，衡父生造父……恶来华者，蜚廉子也，早死，有子曰女防，女防生旁皋，旁皋生太几，太几生大骆，大骆生非子，以造父之宠，皆蒙赵城，姓赵氏，非子居犬丘。"

（四）南蛮的槃瓠传说。《后汉书·南蛮传》云："昔高辛氏有犬戎之寇，帝患其侵暴，而征伐不能克，乃访募天下能得犬戎之将吴将军头者，赐黄金千镒，邑万家，又妻以少女。时帝有蓄狗，其毛五采，名曰槃瓠，下令之后，槃瓠即衔人头造阙下，群臣怪而诊之，乃吴将军头也。帝大喜，而计槃瓠不可妻之以女，又无封爵之道，议欲有报而未知所宜。女闻之，以为帝皇下令，不可违信，因请行。

帝不得已，乃以女配槃瓠。槃瓠得女，负而走入南山，止石室中，所处险绝，人迹不至。于是女解去衣裳，为仆鉴之结，著独力之衣。帝悲思之，遣使寻求，辄遇风雨震晦，使者不得进。经三年，生子一十二人，六男六女，槃瓠死后，因自相夫妻，织绩木皮，染以草实，好五色衣服，制裁皆有尾形。其母后归，以状白帝，于是使迎致诸子。衣裳斑阑，语言侏离，好入山壑，不乐平旷，帝顺其意，赐以名山广泽，其后滋漫，号曰蛮夷。"

（五）哀牢夷的龙传说。《后汉书·西南夷》传："哀牢者，其先有妇人，名沙壹，居于牢山，尝捕鱼水中，触木若有所感，因怀妊，十月产男子十人。后沉木化为龙，出水上。沙壹忽闻龙语曰：'若为我生子，今悉何在？'九子见龙惊走，独小子不能走，背龙而坐，龙因舐之。其母鸟语，谓背为九，谓坐为隆，因名子曰九隆。及后长大，诸兄以九隆为父所舐而黠，遂推以为王。后牢山下有一夫一妇，复生十女子，九隆兄弟皆娶以为妻，后渐相滋长。"

（六）夜郎的竹传说。常璩《华阳国志·南中志》云："有竹王者兴于遁水。有一女子浣于水滨，有三节大竹流入女子足间，推之不肯去，闻有儿声，取持归破之，得一男儿。长有才武，遂雄夷狄。以竹为姓，捐所破竹于野成竹林，今竹王祠竹林是也。王与从者尝止大石上命作羹，从者曰：'无水。'王以剑击石水出，今竹王水是也，破竹存焉。"

（七）夫余的东明传说。《后汉书·东夷传》："夫余国在玄菟北千里，南与高勾丽，东与挹娄，西与鲜卑接，北有弱水。地方二千里，本濊地也。初北夷索离国王出行，其侍儿于后妊身，王还欲杀之。侍儿曰：'前见天上有气庆如鸡子来降我，因以有身。'王囚之，后遂生男。王令置于豕牢，豕以口气嘘之，不死；复徙于马栏，马亦如之。王以为异，乃听母收养，名曰东明。东明长而善射，王忌其猛，复欲杀之。东明奔走，南至掩㴲水，以弓击水，鱼鳖皆聚浮水上，东明乘之得渡，因至夫余而王之焉。"

（八）高车的狼传说。《魏书·高车传》云："高车，盖古赤狄之余种也。……俗云：匈奴单于生二女，姿容甚美，国人皆以为神。单于曰：'吾有此女，安可配人？将以与天。'乃于国北无人之地筑高台，置二女其上，曰：'请天自迎之。'经三年，其母欲迎之，单于曰'不可，未彻之间耳。'复一年，乃有一老狼昼夜守台嗥呼，因穿台下为空穴，经时不去。其小女曰：'吾父处我于此，欲以与天，而今狼来，或是神物，天使之然。'将下就之。其姊大惊曰：'此是畜生，无乃辱父母也。'妹不从，下为狼妻而产子，后遂滋繁成国。故其人好引声长歌，又似狼嗥。

（九）突厥的狼传说。《隋书·突厥传》云："其国先于西海之上，为邻国所灭，男女无少长尽杀之。至一儿不忍杀，刖足断臂，弃于大泽中。有一牝狼，每衔肉至其所，此儿因食之，得以不死。其后即与狼交，狼有孕焉。彼邻国者，复令人杀此儿，而狼在其侧，使者将杀之，其狼若为神所凭，欻然至海东，止于山上，其山在高昌西北，下有洞穴，狼入其中，遇得平壤茂草地方二百余里，其后狼生十男，其一姓阿史那氏最贤，遂为君长。故衙门建狼头纛，示不忘本也。"后来元人撰《元秘史》卷一还说："当初元朝人的祖先是天生一个苍色的狼与惨白色的鹿相配了，同渡过腾吉思名字的水，来到斡难名的河源头，不儿罕名字的山前住着，产了一个人，名字唤作巴塔赤罕。"

（一○）高勾丽的朱蒙传说。《隋书·高勾丽传》："高勾丽之先出自夫余，夫余王尝得河伯女，因闭于室内，为日光随而照之，感而遂孕，生一大卵，有一男子破壳而出，名曰朱蒙。夫余之臣以朱蒙非人所生，咸请杀之，王不听。及壮，因从猎，所获居多，又请杀之。其母以告朱蒙，朱蒙弃夫余东南走，遇一大水，深不可越。朱蒙曰：'我是河伯外孙，日之子也，今有难，而追兵且及，如何得渡？'于是鱼鳖积而成桥，朱蒙遂渡，追骑不得济而还。朱蒙建国，自号高勾丽。"

（一一）蛋人的龙蛇传说。邝露《赤雅》上编："蜒人神宫画蛇以祭，自云龙种，浮家泛宅，或住水浒，或住水澜。捕鱼而食，不事耕种，不与土人通婚，能辨水色，知龙所在，自称龙神，籍称龙户。"顾炎武《天下郡国利病书·广东八·潮州志》："潮州蜑人有姓麦、濮、吴、苏，自古以南蛮为蛇种，观其蜑家神宫蛇像可见。"李调元《粤风·蛋歌》题后注云："蛋有三种，蠔蛋、木蛋、鱼蛋。寓得江者乃鱼蛋，未详所始，或曰蛇种，故祀蛇于神宫也。"

图特民族由于信仰其来源与图腾动植物有血缘关系，都自称为动植物的后裔，且以之为部族的名号，如《后汉书·西羌传·羌无弋爱剑》："……其后子孙分别，各自为种，任随所之，或为氂牛种，越巂羌是也；或为白马种，广汉羌是也；或为参狼种，武都羌是也。"

《隋书·西域传·党项》："党项羌者，三苗之后也。其种有宕昌，白狼，皆自称你猴种。"这和北美易洛魁人有所谓狼部族、熊部族、黾部族同一用意。

还有夫余国以兽类为官名的，当也是图腾的遗习。如《后汉书·东夷传·夫余》："……以弓矢刀矛为兵，以六畜为官名，有马加，牛加，狗加，其邑落皆主属诸加。"

被采用为图腾的动植物既系其部族的祖先，成员均敬畏之如神，不敢加以杀害（即 Taboo "禁忌"之遵守），而相信其为本部族唯一的守护者，虽属毒蛇猛兽，对于部族成员，也毫无伤害之意。这和北美克罗克印地安人之视蛇为兄弟，西非土人以鳄鱼为亲属，澳洲华拉孟加人视水蛇若父亲，都是出于图腾的信仰。《隋书·东夷传·靺鞨》：

"靺鞨在高丽之北……有徒太山者，俗甚敬畏，上有熊、罴、豹、狼，皆不害人，人亦不敢杀。"也就是这个意思。又由于图腾禁忌之遵守，而形成种种崇拜动植物的习俗，如有些部族因其先来自槃瓠，故有取狗以代替人类灵魂的习俗，《魏书》卷一〇一说："獠者，盖南蛮之别种……至于忿怒，父子不相避，手有兵刃者先杀之，若杀其父，走避，求得一狗以谢其母，母得狗谢，不复嫌恨。"还于岁中举行祭祀槃瓠的仪式，方凤《夷俗考》："岁首祭槃瓠，杂揉鱼肉酒饭于木槽，群聚而号为尽礼。"

贵州省花苗祭祀槃瓠之时，更有歌舞，类似澳州阿龙泰人之"阴特丘魔"祭中所行的"哥罗波里"的场面。毛贵铭的《黔苗竹枝词》所咏，即指此。词云："槃瓠新年祭一遭，祖宗留饭与儿曹，棉花如雪苗娘喜，市上今年布价高。"又云："荔波县里月场开，侗水猺苗跳几回，槃瓠祭余歌舞散，肩头背得丽人来。"

其次，图腾民族的身体装饰多有模仿图腾的习惯，或黥纹涂色，或毁齿结发，将身体全部或一部分扮似图腾动物的外形。如澳洲吉西斯人为象征袋鼠而毁齿，北美阿玛哈印地安人为模仿龟的四足及头尾各部而辫发，爱斯基摩人为描写图腾记号而纹身，等等，我国东南边疆各族亦多存有此种习俗。如杜佑《通典》卷二八六《文身国》条："文身，梁时闻焉。在倭国东北七千余里，人体有文如兽，其额上有三文，文大直者贵。小曲者贱。"同书卷一八七又有《文面濮》条："文面濮，其俗劓面而以青画之。"

马平县的"犵人"（古史对广西某少数民族的贬称），黥文又多在额，《皇清职贡图》卷四："马平县犵人，常刺额为花草蛾蝶状，所谓雕题漆齿也。"

琉球人多黥手，《隋书·东夷传》："琉球国……妇女以墨黥手，为虫蛇文。"尤侗之《外国竹枝词·琉球国》有"布帽毛衣曳珮珰，双双纤手绣鸳鸯"之句，即咏其事。

其次如身体涂色，《隋书》也有记述，如《西域传·女国》："其俗……男女皆以彩色涂面，一日之中或数度变改之。"杜佑《通典》卷一八七《赤口濮》条记述毁齿俗："赤口濮在永昌南，其俗折其齿，劓其唇使赤。"日人鸟居龙藏《从人类学上所见之西南支那》138页记关于发俗的："（贵州饭笼塘苗族）此处有叫做凤头鸡的一部落，汉人及苗人称之为凤头鸡，它的起源，乃因部落之妇女的头发高结额前，形似凤凰之头之故。"可见贵州苗族其祖先是以鸟类为图腾，故结发有模仿鸟头的习俗。

北美海达人各图腾部族，惯用图腾记号装饰其屋宇及日常用具，形成独具	格的艺术，向为波亚斯所称道。间或以图腾实物安置其间，如李维士（Licewise）的游记中述及阿泰哇大蛇部族的人，均置蛇皮于屋上。此种习俗，亦同可见于我国蛮夷诸族中。如《隋书·突厥传》因以狼为祖先，故有狼头纛的建置："……故牙门建狼头纛，示不忘本也。"《隋书·东夷传·琉球国》："其王姓欢斯氏，名渴刺兜……王所居舍，其大一十六间，雕刻禽兽。"同书又云："人间门户上必安兽头骨角。"宕昌人亦有此习俗，《魏书·宕昌羌》："俗皆土著，居有屋宇，其屋织牦牛尾及羖羊毛覆之。"

其他装饰用具如铜鼓手环等所造动物纹样，亦多关于图腾者，《岭表录异》云："蛮夷之乐有铜鼓焉。形如腰鼓一头有面……偶有虫鱼花草之状。"林惠祥《俺佬标本图》所说俺佬手环多作蛇文。《隋书·西城传》所记诸国国王的王座有镂刻为动物的图象，当亦属图腾文化期的器具装饰的遗风。如钹汗国王坐金羊床；何国王坐金羊床；波斯王和龟兹国王均坐金狮子座；漕国王坐金马座等。这是由于社会组织发展至氏族制或初期奴隶制时，图腾的威力常随而转移到首领个人身上。正如荷鲁斯神鹰原为上埃及的图腾，及至王朝初期，遂转为国王的保护者，于是举凡国王的一切装饰品，都刻画有神鹰的图象。同书《东夷传·琉球国》尚有："王乘木兽，令左右舆之而行，导从不过十人，小王乘机，镂为兽形。"

图腾民族都相信人死后，其灵魂将以图腾的世界为归宿，故必将死者尸骸作模仿图腾装饰，象征灵魂的化身，北美阿玛哈人野牛部族以野牛皮包裹死者尸，即存有使死者灵魂转化为野牛的冀望。西域附国同有此俗,《隋书·西域传·附国》:"死者无服制,置尸高床之上,沐浴衣服,被以牟甲,覆以兽皮。"毛贵铭《黔苗竹枝词》云:"三足铁锅燃烂薪,蛇蛙鼠雀食品新,马革裹尸最堪噱,罗罗何事学忠臣。"自注云:"白罗罗……人死以牛马革裹尸,焚于野。"这显然是图腾的遗俗。

传说之外,如《史记·五帝本纪》云:"黄帝……教熊、罴、貔、貅、貙、虎以与炎帝战于阪泉之野。"熊、罴、貔、貅、貙、虎,似都是图腾的族名。《尚书·尧典》:"夔曰:於,予击石拊石,百兽率舞。"亦不外是一种图腾跳舞。可是在社会科学未输入吾国之前,国人都不解图腾为何物,对于上述的图腾传说及种种习俗,便没有正确的了解。如《史记·五帝本纪》,索隐曰:"书云:如虎如貔。尔雅云:貔,白狐。礼曰:前有挚兽,则载貔貅是也。尔雅又曰:貙,獌,似狸。此六者猛兽,可以教战。周礼有服不氏,掌教扰猛兽,即古服牛乘马,亦其类也。"《尚书》,孔安国注云:"石磬,音之清者,拊,亦击也。举清者和,则其余皆从矣。乐感百兽,使相率而舞,则神人和可知也。"可见他们竟以黄帝真能教猛兽作战,夔真能舞感百兽,天地间哪有这些奇事。而玄鸟,大人迹,槃瓠,竹王等传说,向来斥辩的人尤多。王充《论衡·奇怪篇》云:"失意之道,还反其字,苍颉作书,与事相违。姜嫄履大人迹，迹者基也，姓当为其下土，乃为女旁，非基迹之字，不合本事，疑非实也。"杜佑《通典》斥槃瓠传说云："黄金周以前为斤，秦以二千两为镒，三代以前分土，自秦汉分人，又周末始有将军之官，其吴姓宜自周命氏，瞒皆以为高辛之氏，何不详之甚？"罗泌《路史》："伯益经云，卜明生白犬，是为蛮人始祖。卜明，黄帝曾孙也，白犬，乃其子之名。盖后世之鸟彪，犬子，豹奴，虎狃云者，非狗犬也。"张澍《续黔书》亦曰："伉、伴、伶、侗、僮、僚等种，皆祀槃瓠，相传即槃瓠后。余谓：此本依附之诞说，而人信之笃，则亦未考其原也。伯益《山海经》云：卜明，生白犬，是为蛮人之祖。卜明、黄帝之曾孙也。而应劭，范蔚宗遂谓高辛氏之犬名槃瓠，妻帝之女，生六男六女，自相夫妇，是为南蛮，抑亦妄矣。"田雯对于竹王传说，亦多所疑惑，所著《黔书》卷三云："竹王之事，与槃瓠蚕丛杜魄荆尸之说无以异，岂果有其事乎？抑荒唐悠谬之谈，妄以传妄而莫之究也。然吞卵履武，载在雅颂，仲尼不以为诞而删之，张鹭斯之为龙种也，宝志之育鸟巢也，蜀妃之为山精也，卢志之为鬼子也，类固未尽推，传亦未胜纪，乌可以恒情测夏冰语哉？由汉迄今千百年，而祀之不少衰，鬼方尚鬼，大抵然矣。"

　　据我所知，图腾一词最早介绍于国内的，当始于严复。严氏于光绪年间译英人 Edward Jenks 的 *A History* of Politics 一书曰《社会通诠》，古代社会中有图腾群制的名称。该书解释图腾制度云："蛮夷之所以自别也，不以族姓，不以国种，亦不以部落，而以图腾。图腾之称，不始于澳洲而始于北美之红种，顾他洲蛮制，乃与之不谋而合，此其所以足异也。聚数十数百之众，谓之一图腾，建虫鱼鸟兽百物之形，揭橥之为徽帜。凡同图腾，法不得为牝牡之合，所生子女，皆从母以奠厥居，以莫知谁父故也。澳洲蛮俗，图腾有祭师长老，所生者听祭司为分属以定图腾焉。"（8页）他如图腾不婚，图腾塔布（禁忌），图腾仪式，亦述之甚详。严氏于译文之外，并加按语云："图腾者，蛮夷之徽帜，用以自别其众于余众者也。北美之赤狄，澳洲之土人，常画刻鸟兽虫鱼，或草木之形，揭之为桓表。而台湾生番，亦有牡丹槟榔诸社名，皆图腾也。由此推之，古书称闽为蛇种，槃瓠犬种，诸此类说，皆以宗法之意，推言图腾，而蛮夷之俗，实亦有笃信图腾为其先者，十口相传，不自知其怪诞也。"（3页）古籍中蛇种犬种的图腾传说，到此才得到正确的解释。严氏可说是中国图腾制度研究的第一人，解决了向来学者的疑难。

国人受到这种学说的影响之后，便逐渐注意用图腾来解释古代各族的传说，不再斥之为荒诞。如梁任公著《国文语原解》刊于《大中华杂志》，从说文解字中寻出古代图腾崇拜的痕迹，便是最显著的一例。一九二六年顾颉刚的

《古史辨》第一册出版，又指出禹是蜥蜴。他在《讨论古史答刘胡二先生》中说："'说文'训禹为虫，训内为'兽足蹂地'。合此二义，颇似蜥蜴，而彝器上有'螭'，正作蜥蜴之形，似禹有出于九鼎的可能。"（119页）他虽不说明蜥蜴就是夏的图腾，但实为后来学者解释禹为古代图腾的根据。（绍来《整理古史应注意之条件》。《古史辨》第二册）一九二九年美国摩尔根的 *Ancient Society* 由杨东尊、张栗原翻译行世（昆仑书店，一九三五年改归商务）。其后王礼锡主办《读书杂志》，于《中国社会史的论战》诸期刊载关于中国社会史的论文，均根据摩尔根之说解释我国古代的图腾制度。然此项研究之可注意者则为郭沫若氏。郭氏著《两周金文辞大系》中以天黿为图腾的名号。复于所著《先秦天道观之进展》中以帝喾为猩猩，为殷人的图腾。云："在我看来，帝俊、帝舜、帝喾、高祖夒，实是一人。""人的帝就是'高祖夒'，在上面是已经证明了的。但是夒字本来是动物的名称。《说文》说：'夒，贪兽也。一曰母猴，似人。'母猴，一称狖猴，又一称沐猴，大约就是猩猩（orangutan）。殷人称这种动物为他们的'高祖'，可见得这种动物在初还会是殷人的图腾。"

中国图腾制度的研究，系统的专门著作，则出现于一九三一年以后。一九三二年胡愈之氏译法人倍松（M. Besson）的《图腾主义》（*Le Totemisme*）出版，此书简明扼要，不啻佛来则 *Totemism and Exogamy* 的缩本。书中先述图腾制度研究的经过，次述澳洲、美洲、马达加斯加岛、亚洲、非洲及古代世界各族的图腾制度，最后叙述图腾问题及解释的理论。翌年李璜节译法人格拉勒的《古中国的跳舞与神秘故事》（*Danses et Legendes de la Chine Ancienne*）刊行，格氏指出中国古代各种模仿动物的跳舞，都带有图腾的意义；殷周秦人祖先的传说，也是表明图腾社会及母系社会的遗制。其结论并说："中国的古史不能给人以多少信用，他几乎全都被汉学派竞争，拿来做思想和理论的背景时，把他修饰过或假造过了。我们一方面很应该留意中国文学的经传，他把孔子那个时代的中国已粉饰成孔子文化的中国，文物灿然，理想超越，殊难置信。他方面我们觉得很重要，这些民间的传说，对于同时代的叙述，他所表现的中国文化却比文学的经传要野蛮一些。神话，歌谣，个别的精神，创造的力量，都在这里，是很丰富的。我坚强的信图腾社会，秘密神社，波尔打吃（Poltatch）这类社会建设，是从孔子以后才大部分消灭成为过去的。"（原书 619 页，译本 29—30 页）尤足启发国人对于中国古代图腾制度的研究，所以此书虽只是一种节译本，但它与胡译的《图腾主义》的影响都是很大的。

此后介绍国外图腾制度的著作，尚有严三译哥登维塞（A. A. Goldenweiser）的《图腾主义》（*Totemism*）一文，刊史地丛刊。黄华节《初民社会的性别图腾》，载《东方杂志》。摩莱的 *From Tribe to Empire* 的译本亦于此时出版（陈建民译《近东古代史》）。摩氏为埃及学专家，此书研究埃及王朝以前的图腾制度，最为详尽，足供参考之处尤多。作者著《图腾艺术史》于一九三七年出版，则专门研究北美、澳、非各地图腾民族的艺术，并认为中国殷周骨器、铜器上的夔龙、夔凤、蝉叶诸纹，及新石器时代彩陶上的动物图谱，均为当时人类的图腾描写。

因为国外著作的介绍日多，国人对于图腾制度的知识已较丰富，所以纷纷进一步着手研究中国各族的图腾制度，其中以李则纲氏为著。李氏著《始祖的诞生与图腾》一书，以图腾制度解释古代各族的所谓"荒诞"的传说，并说明《山海经》及其他载籍所述人头兽身等为当时图腾部族的身体装饰。李氏于结论中并说：古代文献虽不可尽信，但亦非全无根据，图腾传说便是一例。后来作者又承李氏来书论其研究图腾的目的云："图腾制度；为氏族社会的重要形态之一。中国古史，虽为有史时代的纪录，大半均与过去的氏族有关，设于图腾制度不弄清楚，对于此种古史所记录的文物制度，有些场合，实扦格难通，不独古史里的文物制度，无法理解；历史不是一刀可以斩断的，即现社会的风俗习惯，许多也是前社会的残存，倘于图腾制度茫然，亦无法说明。"（一九三六年十一月二十八日来书）此则尤具卓识。李氏又著《社与图腾》一文，刊于《东方杂志》，以中国古代的树社，都有图腾的遗意。

次为卫聚贤氏，所著《古史研究》第三集，在中国的氏族社会篇中，深信中国古代的图腾制度的存在。彼从甲骨文中证明舜为狮子，为殷人的图腾，燕与象亦为殷人的图腾。禹为龙，为夏人的图腾；尧字为夏人依犀牛角作的陶壶，亦为其图腾。结论曰："尧为夏陶壶氏族的图腾，禹为夏龙氏族的图腾，舜为殷狮子氏族的图腾。图腾为其氏族所崇拜，因崇拜而认为祖先，后氏族扩大成为国家，乃将图腾演变成祖先，又演变成为其国的帝王，后又因统一的观念，又演变为共同的古帝王。"（237页）外如故丁迪豪著《玄鸟传说与氏族图腾》，锺道铭著《中国古代氏族社会研究》，于古代图腾制度的探究，亦有贡献。

目下瑶畲等少数民族中，多少尚存图腾遗制，从事于此调查研究的有何联奎及凌纯声。何氏发现畲民的图腾画像与槃瓠王出身图及其祖先狗龙雕像，一九三六年撰文摄影刊于《民族学研究集刊》第一期。凌氏所著《浙南畲民图腾文化的研究》，则发表于《人类学集刊》（未出版）。

综上所述，中国图腾制度的研究，至现在为止，成绩已属不少，国人不特采用图腾制度解释古史，抑且用以解释各民族的特殊习俗，与过去学者以图腾传说为荒诞不稽者，实不可同日而语。然详细检讨此项研究，又非绝无可议。最著者即为图腾制度发生、发展、消灭的发展过程，大家都少有正确的理解。查目下非澳各洲土人社会中，虽都存有所谓图腾制度，然其社会背景则绝不相同。佛来则说：不论狩猎、捞渔、农业而至商业民族的社会中，均有图腾制度的存在。（*Totemism and Exogamy*, Vol. 1, p. 1.）倍松亦说："所谓图腾主义实不止一种，因时地有多种不同的图腾主义。"（《图腾主义》，中译本 92 页）。可知各地图腾制度由于发展的过程不同，所表现的形态亦异。就一般的观察，图腾制度发生于考古学上旧石器时代后期，其时人类以采集及狩猎为主要生产，社会组织以部族为单位，社会阶级尚未萌芽。在各种图腾制度的特征中，以部族的动物名号，及图腾同体化为原始形式，次为外婚制及图腾禁忌。图腾制度到了没落的阶段，图腾崇拜的仪式均无实际经济上的意义，仅仅保存其遗意。进入氏族制度时，图腾习俗虽有遗留，然已转形变质，与原来图腾制度的极有差异。佛来则所说农业商业民族的图腾制度，实则只是图腾遗俗而已。所以若果只拾取表面的三二图腾现象，便证明中国古代某族已有图腾制度的存在，则极为不智。如卫聚贤于嘉兴新睦镇发现一鱼形刻石，便说吴人以鱼为图腾。（《吴越释名》，《说文月刊》一卷十一期）又根据山西万泉县荆村瓦渣斜发现红陶上的鱼形花纹，便说陶唐为鱼图腾发明陶器的民族。（《古史研究》第三集，252 页）又说："夏民族有以鱼为图腾的部落，按贝加尔湖人尚有以鱼为图腾的遗迹，夏民族当自贝加尔湖来，以鱼为图腾"。（251页）此都失之疏略。我们尝讥佛来则为图腾万能论者，盖在彼心目中，图腾可解释一切，无异初民的马那（Mana），卫氏实亦同犯此病。今后苟欲断定夏或吴族以鱼为图腾，必须证明夏人以捞鱼为主要生产，夏人以鱼为部族名号，以鱼为祖先，以鱼为一切装饰的表现对象，等等。凡此皆须根据丰富的确实的资料，作深入的系统的探索，始属可信。且图腾传说习俗等，各族均可互相传播，若以某族崇拜某种动植物，乃断定某种动植物即为某族的图腾，亦属危险。据波亚斯的调查，大乌鸦传说遍布北美阿拉斯加一带，但当地土人并非全以大乌鸦为图腾。中国的槃瓠[1]龙犬，原是瑶畲的图腾，而苗黎中却出现不少的槃瓠传说，若不深究其传播关系，则谬以槃瓠亦为苗黎的图腾。此则今后研究中国各族的图腾制度者，不可不察也。

一九四二年三月在四川璧山

---

① 即盘瓠。——编者注

附图腾研究书目

甲、中文

（1）胡愈之译：M. Besson，《图腾主义》。（一九三二年，开明书店出版。）

（2）李则纲：《始祖的诞生与图腾》。（一九三五年，商务。）

（3）李则纲：《社与图腾》。（《东方杂志》，三二卷一三号，一九三四年。）

（4）李则钢：《与岑家梧君论图腾》。（《学风》，七卷一号，一九三七年。）

（5）李璜译述：Marcel Granet，《古中国的跳舞与神秘故事》。（一九三三年，中华。）

（6）丁迪豪：《玄鸟传说与氏族图腾》。（《历史科学》，七一卷二号，一九三三年。）

（7）黄文山：《中国古代社会的图腾文化》。（《新社会科学》季刊，创刊号。）

（8）黄华节：《初民社会的性别图腾》。（《东方杂志》，三〇卷七号，一九三三年。）

（9）锺道铭:《中国古代氏族社会研究》。(《东方杂志》，三一卷一号，一九三四年)。

（10）严三译: A. A. Goldenweiser,《图腾主义》。(《史地丛刊》，第一期，一九三三年，大夏大学出版。)

（11）何联奎:《畲民的图腾崇拜》。(《民族学研究集刊》，第一期，一九三六年。)

（12）马学良:《从倮㑩氏族名称所见的图腾制度》。(《边政公论》，六卷四期，一九四七年。)

（13）陈宗祥:《西康栗粟水田民族之图腾制度》。(《边政公论》，六卷四期，七卷一期，一九四七年。)

（14）岑仲勉:《饕餮即图腾并推论我国青铜文化之缘起》。(《东方杂志》，四一卷五期，一九四五年。)

（15）岑家梧:《图腾艺术史》。(一九三七年，商务。)

（16）岑家梧:《图腾研究之现阶段》。(《食货》半月刊，四卷四期，一九三六年。)

（17）岑家梧:《转形期的图腾文化》。(《食货》半月刊，五卷六期，一九三七年。)

（18）岑家梧:《东夷南蛮的图腾习俗》。(《现代史学》，三卷一期，一九三六年，国立中山大学出版。)

（19）戴裔煊:《蛮族与图腾关系之史的检讨》。(《现代史学》，二卷一、二期，一九三四年，国立中山大学出版。)

（20）凌纯声:《畲民图腾文化的研究》。(《国立中央研究院历史语言研究所集刊》，第十六本，一九四七年，中央研究院出版。)

（21）胡鉴民：《羌族之信仰与习为》。（《边疆研究论丛》，第一期，一九四二年，金陵大学出版。）

（22）闻一多：《从人头蛇身谈到龙与图腾》。（《人文科学学报》，第一卷第二期，一九四二年。）

（23）陶云逵：《大寨黑夷之宗族与图腾制》。（《边疆人文》，一卷一期，一九四三年，南开大学文科研究所边疆人文研究室出版。）

（24）卫惠林：《中国古代图腾制度论证》。（《民族学研究集刊》，第三期，一九四三年。）

（25）陈志良：《图腾主义概论》。（《说文月刊》，二卷一期，一九四〇年。）

（26）陈志良：《始祖诞生与图腾》。（《说文月刊》，二卷二期，一九四〇年。）

（27）陈志良：《槃瓠神话与图腾崇拜》。（《说文月刊》，二卷四期，一九四〇年。）

（28）陈志良：《文身与图腾的关系》。（《说文月刊》，二卷八期，一九四三年。）

乙、日文

（1）伊能嘉炬：《日本图腾与禁忌的痕迹》。（《人类学杂志》，三四卷七期。）

（2）井上芳郎：《中国古代帝王与氏族神》。（《亚细亚学会特刊》，一九二六年。）

（3）松本广信：《中国古姓与图腾主义》。（《史学》，一卷一、二期合刊。）

（4）河野广道：《虾夷人的图腾遗风》。（《民族学研究》，二卷一号。）

（5）田崎仁义：《论图腾主义的起源及中国图腾制度的存否》。（《日本社会学院年报》，一九二二年。）

（6）佐山美：《图腾主义起源论》。（《东京人类学杂志》，三四卷三期。）

（7）早川二郎译：S. N. Buikovsky，《图腾主义问题研究》。（《考古学概论》，白杨社。）

（8）西田直二郎：《日本古代图腾主义的痕迹及咒术考》。（《史学论丛内籐博士颂寿纪念号》。）

丙、西文

（1）Lord Avebury : Marriage Totemism and Religion.（1911, London.）

（2）F. Boas : Origins of Totemism.（American Anthropologist, Vol. 18, No. 4, 1917.）

（3）E. Darkheim : Elementary Forms of the Religious Life. （English trans, by J. W. Swain, 1915, London.）

（4）A. C. Fletcher : The Import of the Totem.（1897, London.）

（5）J. G. Frazer : Totemism and Exogamy. (4 Vols, 1910, London.）

（6）S. Freud : Totem and Taboo.（1919, London.）

（7）Van. A. Gennep : Tabou et Totemism au Madagascar.（1904, Paris.）

（8）A. A. Goldenweiser : Form and Content in Totemism.（American Anthropologist, Vol. 20, No. 2, 1918.）

（9）A. A. Goldenweiser : Totemism : An Analytical Study.（Journal of American Folk-lore, Vol. 2, 3, 1910.）

（10）C. H. Harper And Others : Notes on the Totemism of the Gold Coast.（Journal Anth. Inst. Vol. 36.）

（11）C. Hill-Tout : The Origin of Totemism among the Aborignies of British Columbia.（1901, 1904, New York.）

（12）A. L. Kroeber : Totem and Taboo : A Ethnological Psychoanalysis.（American Anthropologist, Vol. 36, No. 2, 1920.）

（13）A. Lang : The Secret of the Totem.（1905, New York.）

（14）Leon. Mariller : La Place du Totemisme dans L' Evolution Religieuse.（Revue de l' Histoixe des Religious, Vol. 36, 37, 1897-98, Paris.）

（15）Pider und Somlo : Der Ursprung des Totemismus.（1900, Berlin.）

（16）W. H. R. Rivers : Totemism in Polynesia and Melanesia.（Journal of the Royal Anth. Inst. Vol. 39, 1909.）

（17）B. Spencer and F. J. Gillen : Some Remarks on Totemism as Applied to Australian Tribes.（Journal of the Royal Anth. Inst. Vol. 28, 1899.）

（18）B. Spencer : Totemism in Australia.（1904, London.）

（19）E. B. Tylor : Remarks on Totemism.（Journal of the Royal Anth. Inst. Vol. 28, 1899.）

（20）H. Webster : Primitive Secret Societies.（1908, New York.）

（21）V. Zapletal : Der Totemismus und die Religion Israels.（1901, Freiberg.）

附录三　图腾研究之现阶段

图腾主义发生的确实年代，至难考查。我们仅从史前各民族的遗物中，可以发见其若干痕迹，而且知道它还存在于目前各个不同文化阶段的民族中。据佛来则所称，狩猎、捕渔、农业，甚至商业的民族社会，也有图腾的事实。如此，骤一看来，图腾主义的研究，似乎是个极复杂的问题了。

一切现象的产生和消亡都不是偶然的，物质的生产关系是决定其必然性的要素。昔日由于社会科学的研究还处在萌芽阶段，它的范围，尚未包括社会上下层建筑的各个部门，图腾主义的研究，自然不可能得到科学的结论。

十七世纪末期，旅行家发见北美、澳洲等文化落后的民族的图腾事实以后，早期的人类学者、宗教学者研究图腾，多偏重于宗教方面，认为图腾主义是人类宗教信仰的古远渊源。这派学者，以十八世纪末英人朗格开始。勒南根据朗格和格来发见的材料作了系统的整理和考察。结果，承认图腾具有原始宗教的性质。如古代民族的动植物崇拜、天体崇拜，都直接和图腾信仰有关。至维尔金也说：原始人类相信人类死后的灵魂转变为动植物，这种思想，就是图腾主义的起源。佛来则对于各地的图腾主义的材料，收集得很完备。他同时也在致力于外婚制的研究。但他对图腾主义起源的解释，最后仍以图腾现象的发生，不能超出宗教现象的范围。即野蛮人类为着解释妇女妊娠事实而有图腾主义的产生。其例证是：澳洲阿龙泰人相传妇女的妊娠是他们的"阴特丘魔"祭式所行有图腾繁殖意义的同类相生的魔术的结果，而不是由于两性的结合。阿龙泰人因此就相信自身与图腾有了血缘关系。涂尔干著《宗教生活之原初形态》，也说明图腾主义，实为一切高级宗教生活的原始形式。他说澳洲人的图腾仪式中，已含有神圣的崇拜，神圣物的供牺及圣餐，咒术等宗教要素。图腾制的产生，是原始人类对其部族纹章神圣化的结果。

其次，还有对图腾主义解释为偶然发生的名目论。首先是 H. 斯宾塞，他试下一个假说，说明图腾的名称，是由于初期人类偶然地误叫别人的浑号而来的。如以狐命名的部族，是因该部族有人性质狡猾被称为狐，其后代被错认为狐的子孙。年代长了，其部族人自己也认为狐是他们的祖先，遂以狐为部族名。英人朗格进而作更牵强的解释说：原始人类结合各部族而群居，各部族都有一定的名称，或用动物，或用植物，类似今之浑称，只是为着便于标志。

日久，便发生部族与动植物有血缘关系的传说。

还有用经济交换来解释的，如英国人类学者哈顿就说：原始人类集团，因各地产生的生物不同，每一集团只能以单一种动植物作为猎取对象，各集团便以他们所能猎取的动植物作图腾。史密德（P. Smidt）更根据以设立商业化的图腾解说，认为各图腾集团因采取的动植物不同，可以用来和附近的集团交换，故图腾主义的发生，是由于原始人类交换食物的商业关系。

此外，又有图腾主义起源于灵魂观念（Animism）和魔力① （Mana）说。精神分析学者弗洛伊特著《图腾与禁忌》，哥登维塞著《图腾主义起源》（*Origin of Totemism*）等各持一说。总上各家，前后不下二十余说，由于缺乏科学的历史方法，不能把握事物因果关系，结果，都归因于偶然的事物的巧合。因此，所研究的也不过图腾主义所反映于表面的一些现象而已，并未触及它的实质。

近来苏联物质文化研究所 N. Y. 马尔、S. N. 布伊哥夫斯基，以及哈恩利古诺、G. 阿鲁泰民、E. E. 斯特巴诺夫等人，运用唯物史观，对图腾主义的发生、发展和消亡的过程作了深入研究，他们不承认图腾主义为某种空洞的形式，和宗教论、名目论等学派相反，他们认为是原始人类

---

① 即前文中提到的"马那（Mana）"。——编者注

从事采集、狩猎的经济生产关系必然产生的体制。换言之，图腾主义是具有切实的经济意义的社会结构，同时又是原始共同制到氏族制必不可少的产物。

无疑地，图腾主义的研究，至现阶段才得到正确的解释。过去认为那样错综复杂的图腾问题，此时才可以有系统的阐明了。下面我们总结指出几点：

（一）图腾主义的起源：N. Y. 马尔、E. E. 斯特巴诺夫及 S. N. 布伊哥夫斯基等运用民俗学、语言学、考古学及比较人类学上的材料，参证社会发展史的理论，说明图腾主义的起源是：原始人类，为着当地的动植物和生产工具的固定化，形成了猎取专一种类的动植物的生产集团。初时各生产集团的图腾名称，及神话传说，不过是动植物与人类之无境界的生产意识化的表现而已。然而各集团由于生产部门的分化，引起劳动生产性的沉降，与原始共同制的社会关系发生矛盾，至此，有联邦制意义的图腾组织便为着缓和这个矛盾而出现。这时的图腾制度，和包括对于动植物专门猎取的具有共通性的生产集团，以一种能概括其余的动植物名称为图腾的名称，缩小了禁忌（Taboo）的范围，各集团间由此获得更多的生产物。例如：鹿图腾的集团，包括类似于鹿的马、狼等生产集团，除鹿外，马、狼等禁止杀害的禁忌一旦获得解除，集团间的成员便有马、狼等更多种类的食物能猎取了。各生产集团，可以赖图腾主义的联系而进行劳动的平均分配。

（二）图腾主义之发生、发展和没落诸形态：S. N. 布伊哥夫斯基认为图腾主义发生于旧石器时代后期，入新石器时代趋于崩溃。今天我们研究图腾主义的发生、发展各形态，只有从旧石器时代遗物中着手。旧石器时期的遗物及洞壁画，无疑是图腾主义的反映。试和澳洲人的武器、用具等，加以比较，前者原始性较深。澳洲人已使用磨制及穿孔等新石器的生产工具，北美印地安人社会组织更有了社会分工，出现私有财产和阶级分化的萌芽。旧石器时期遗物所表现的社会关系的发展水平，比澳洲、美洲人为落后。可见澳、美两洲土人的图腾组织已属没落的形态。而仅仅存在具有魔术意义的禁忌与"阴特丘摩"祭式。因此，杜尔根、B·斯宾塞等根据澳洲人，波亚斯、哥登维塞根据美洲人的图腾组织为研究资料，是不可能得到正确的结论的。

（三）图腾制与氏族制：图腾制与氏族制常被混为一谈，且有命名为氏族图腾制的。其实二者是有区别的，凡稍有社会进化史常识的人都能辨别。成为问题的是：氏族制中多少还可发见图腾制的特征。如以动植物为部族名称，动植物崇拜，"阴特丘摩"祭等图腾仪式可同见于北美印第安人及希腊、罗马人初期的氏族部落中。这是因为一切进化现象的变革，都有它辩证的发展过程。上列的图腾主义意识形态的表现，只是作为转形变质的部分的残留，成为创造新的意识形态的基础。故氏族制中所出现的图腾特征，仅仅只有咒术上的意义，转为非经济的祭祀的图腾了。摩尔根《古代社会》就指出：北美易洛魁人采用作为部族名称的动物，如狼、海狸、山鸭等，在他们的经济生产上，并不占何等重要的位置，仅有仪式上使用的性质。这种图腾现象，只能视为图腾主义的残迹，不能和氏族制的经济结构混为一谈。

最后，现阶段的图腾研究，能够深入探讨其经济意义，取得很大成绩，这不仅由于科学方法远胜前人，在取材方面，还扩大到考古学、语言学、民俗学等各种科学的领域。

总之，图腾主义是具有现实的经济意义的社会体制。它属于原始共同制到氏族制的过渡阶段，和氏族制迥然有别。学术研究的发展阶段和社会发展的阶段是相适应的。昔日各学者的曲解图腾事实，并不足怪，它自然负有其时代任务。但这不阻碍真理的发见，适足构成现阶段的研究所必需的历史条件。

一九三六年五月

参考书：

1. E. Durkheim : Elementary Forms of the Religious Life.

（English Trans. by L. W. Swain.）

2. J. G. Frazer：Totemism and Exogamy.

3. A. A. Goldenweiser：Early Civilization.

4. Freud：Totem and Taboo.

5. E. E. 斯特巴诺夫:《宗教信仰发展概论》。

6. S. N. 布伊哥夫斯基:《图腾主义问题研究》。

附录三　图腾研究之现阶段

附录四　转形期的图腾文化

一

意识形态是一定物质基础的产物，社会经济基础的变革，必然引起意识形态的转换。然而一切进化现象的变革，不是截然的生与灭，旧阶段的残留物，常为构成新阶段的必要原素。例如原始社会的图腾制出现在旧石器时代后期，在氏族制确立之后，就有许多图腾文化转形变质而构成氏族制的文化。这种转形的图腾文化和原生的典型图腾文化就有质的差别，前者较后者原始性为浅；后者的本质是朴素的，前者则是夸大的；后者是具体的，前者是幻想的，这都是随着物质基础的转变而转变的。若不详加考察，当我们划分社会发展阶段之时，就易生混乱。本篇试就浅见所及，申述一二，以明这两种不同时期的文化之区别所在。

二

图腾制的特征，一般说来，有下列几点：

（1）共同的生产集团，以某种动植物为集团的名称，此种动植物，即为该集团的图腾。

（2）图腾集团中，还没有形成阶级的意识，故成员不以人类为集团的祖先而以图腾动物为祖先。

（3）图腾集团的成员，只可与相异的图腾集团结婚。

（4）图腾集团中一切家常用具均用绘画雕刻作图腾动植物的写实形于其上；举行图腾仪式的场所及参加仪式成员的身体装饰，也表现同样的描写。

（5）禁止宰杀及伤害图腾动植物。

（6）有种种神话传说，说明图腾集团的起源，如图腾祖先如何产生人类等。

以上为典型的图腾制中所产生的意识形态，它产生在氏族制以前，人类以狩猎为主要生产的时代。据摩尔根所称："氏族组织为人类社会制度中发生最古而流行最广者。亚洲、欧洲、非洲、澳洲人之古代社会的政治，差不多全部是类似氏族制度的典型。"[1] 因此我们实不能以目下澳洲、非洲等土人社会组织为图腾制的代表，而必须求之时代较古的考古学上所谓旧石器时代中。

以格罗马浓人种（Cro-Magnon Race）活动为中心的欧洲法国西南部的旧石器时代晚期，人类主要从事狩

---

[1]　山本三吾译：《古代社会》92页。

猎生产。计其文化期有三，即阿里格内辛期，梭鲁特期（Solutrian），马格德林期（Magdalenian）。三时期中，人类使用的石器虽都属打制，但加工技术，较旧石器时代早期精巧。阿里格内辛期的石器，多打成细长的石片，在其边缘加工，如尖头器、石刀、龙骨状石搔。梭鲁特期有月桂石枪、石锥。马格德林期有鹦鹉嘴尖状器、锯齿石器等重要狩猎工具，同时亦用骨角器，如割尾骨叉、斜尾骨叉、骨针、指挥杖等，后期骨角器比石器为多。

　　生产方式是由生产工具决定的，当时人类使用此等骨角石器，亦只能从事狩猎生产，尚未知农耕与畜牧。各时期中共同生存的动物是苔原系动物群（Tundra fauna）。如驯鹿、巨象、麝香牛、毛犀、北极狐、野牛、野马等，它们都是人类狩猎的对象物。又因冰河期间气候寒冷，驱迫人类进入穴居生活，而行猎的地区亦只限于住所周围。

　　图腾制是建立在狩猎生产的经济基础之上的。因为地域的固定，狩猎范围乃专门化而形成猎取一定动物的生产集团，生产集团与动物名称相连结，即产生图腾的名称。但各地区固有动物都有一定数量，久之，狩猎的对象物日渐贫乏，各生产集团间不得不赖禁止杀害图腾动物的"太布"以保存猎取对象物的繁殖。同时为换取他种食料之故，又须团结周围的生产集团进行猎获物的交换。外婚制即具有巩固各集团间的联系及交换食物的效能。

一切图腾祖先传说、图腾动物的描写，都不外集团成员对于猎取动物的意识化的结果。如旧石器时代晚期西欧各洞穴出土各种工具，法国比利牛斯（Pyrenees）一带及西班牙北部诸洞的壁画，一致地作野牛、麋鹿、野马等动物的描写，就是当时各图腾集团描写其图腾使用宗教咒术的痕迹。西班牙东部柯古鲁（Cogul）壁画所表现的人物跳舞，[①] 也是当时人们举行图腾仪式中舞蹈的反映。

三

由马格德林期经阿志连期（Azilian）而入新石器时代初期，正是由图腾制转变到氏族制的转形时代。新石器时代，磨制石器是农业起源的重要条件。有柄鸭嘴石斧、靴形石斧，即为锄耕处女地的必要农具。又在各地遗迹中，新石器层出土的牛羊遗骨，都有人工驯养的痕迹，故知已有牛耕及驯养动物。[②] 同时，陶器的发明，也是农业生产发展的标志。陶器在摩尔根看来，是人类进化史上的一大发明，他说："制陶技术的发明及应用，为野蛮与未开化间之境界线。"[③] 摩尔根所谓未开化社会，即和新石器时代相当。

---

① E. A. Parkyn：Prehistoric Art，Chapter 3，4.

② J. M. Tyler：The New Stone Age in Northern Europe，p. 64.

③ 山本三吾译：《古代社会》14页。

人类从事于农业生产的劳动，必然形成最初的家族的分工，以血缘为纽带的氏族村落即成立于此时。如奥地利亚（Austria）的村落遗址，瑞士湖上住居遗址等出土遗物，均表现新石器时代家族组成的情况。

氏族村落的产生，图腾制的组织便逐渐衰落，氏族制代而成立。在氏族制中，酋长权力的集中，是阶级分化的萌芽。各地氏族中的酋长，一切土地分配多服从他指挥，集团中的政治权力，亦操于酋长之手。如古代基尔曼人社会中，酋长每年对于氏族及经营共同生活的血缘集团，有分配以必要的土地权。[①]

氏族酋长在集团中既有优越的地位，反映在意识形态上亦有权威。图腾制中所有富于威力的图腾信仰便转而连结于氏族酋长的身上。正如格拉勒所说："澳、美两洲的图腾部落，刚到农业经济初期，便发生两种社会生活的变迁，一个原是女系制的多变成男系制：一个是地方中有了首领地位，而图腾神力的权威，转移于首领个人。"[②] 故转形期的图腾文化，最重要的特征是由纯粹的动植物信仰而转为动植物与氏族酋长连结在一起，如图腾动物人格化，成为半人半兽的动物，或幻想中变化多端的动物。其在图腾

[①] 早川二郎译：《世界原始社会史》195页。

[②] M. Marcel Granet：Danses et Legendes de la Chine Ancicnne，李璜提要本：《古中国的跳舞与神秘故事》22页。

仪式中亦处处表现氏族酋长的优越地位。

转形期的图腾动物的描写，同样地由具体转为抽象，完全排除图腾期中的写实形式，而采取象征性纹样。这是因为氏族制是建立在农业经济基础之上，人类对于动物的关系，已没有狩猎时的密切，观察也不及前者细致。故转形期的一切图腾动物的描写，便从固定化转为简省的象征纹样。

四

如上所述，图腾制到氏族制转化的一般形态，各地社会发展的路线虽有小异，但决定于农业经济的是否出现，则是一致的。考古学上的阿志连期，正是由狩猎经济转到农业经济的过渡期。此时人类已发明细石器工具和饲养家犬，制作陶器，完全表现新石器时代初期的特征。故这时期的动物图画，全与驯鹿期者不同。前此，洞壁画都是写实图象，其轮廓线条及表现动物形象的真实感，实超越现代画家之上。而此时就转为简省的象征性的纹样了。

阿志连期的象征纹样描写，以法国比利牛斯山北的玛大栖尔（Mas d'Azil）洞出土的彩砾为最著名。玛大栖尔洞的地层有九，彩砾发见于第六层马格德林期层及新石器时代层之间。砾石多为椭圆形，用红色绘画，据伯特所列举，有直线纹、十字纹、点列纹等，若细为观察，均为动物的象征描写，有犬形、熊形、蛇形等，伯金谓其用途正和今日澳洲土人举行图腾仪式时所用的"止令茄"同。[1]可见亦属转形期的动物描写。还有西班牙南部及中部诸洞壁画，如鹿就有：

（马浓洞 Maimon） （拉斯·辟周拉斯洞）

（拉·辟利达 La Pileta）等形[2]

这些简省形的动物图形都是从旧石器时代的写实形演变来的。新石器时代的埃及、苏沙（Susa）所见的陶器装饰，象征形的动物描写更丰富，写实形的已消失。这是因为动物描写已失去原来的图腾意义。

---

① E. A. Parkyn：Prehistoric Art，Chapter 3，4，p. 94.

② V. G. Childe：The Dawn of European Civilization，p. 4. With Fig I.

五

埃及早期社会显然亦存在图腾制，到新石器时代为氏族制所代。故新石器时代的图腾文化样式，和阿志连期相同。埃及约至纪元前 12000 年，已进入新石器时代，农业发明，普遍使用陶器。据摩莱的研究，埃及初期社会，存在许多图腾部族（Totemic Clans）于尼罗河畔，后来发展为无数的图腾联邦，再由图腾联邦发展为上下埃及二王国。前者以神鹰荷鲁斯为保护神，后者以大蛇为保护神，神鹰与大蛇都是原初的图腾动物。其后下埃及为上埃及所并，国王即奉神鹰为唯一的大神，且自称为神鹰的子孙。[①] 摩莱的见解虽也有人不赞同，但埃及王朝时代以后诸王，常以自己为神鹰威力的代表者，其一切装饰物均描写神鹰的图象。如陈列在开罗博物馆（Cairo Museum）的志夫林王（Chephren）的雕象，有神鹰蹯踞头上。这就是原来的图腾动物连结于首领身上以增加首领的特殊权威的表现。

埃及新石器时代及金石并用时代遗址出土的陶器，其表面所有的图谱，同样存在转形期的图腾动物的描绘。在王朝以前，各地埃及人对于鳄鱼、红鹤、蝎、山羊等都敬为图腾动物，凡有杀害的，概处死刑。至新石器时代所有这些图腾动物的描写，尽取转形期样式，即均象征化了。

附录四　转形期的图腾文化

①　A. Moret：From Tribe to Empire，各节参照。

如加白（J. Capart）所录陶器图谱的动物形有这种红鹤、鳄鱼、蝎、山羊的图象，虽已难辨别，但都源自图腾动物的描写，是可断言的。

埃及神话传说中还有许多半人半兽的神，如伊萨斯（Isis）女神，是埃及农业的创造者，其形象是牛首人身。创造神克美姆（Clunemu）的头是牡牛，奥斯里斯（Osiris）神的头为双牛头。黑两史夫神戴上牡羊头，象征太阳光的西克美特神为牝狮子头，西伯克神（Sebek）为鳄鱼头，等等，[①] 都反映从动物崇拜到人类神的过渡。亦即由图腾制转为氏族制时，意识形态亦随之转变的结果。

六

澳洲中部土人，索拉斯（W. J. Sollas）曾谓其体质与旧石器时代摩斯特里期人类相似，便以今日澳洲土人的生活说明摩斯特里期人类的生活。[②] 但从澳洲土人的文化看

---

① 比屋根安定：《埃及宗教文化史》123—124页。

② W. J. Sollas：Ancient Humers，Chapter 6.

来，实较摩斯特里人为进步，而与阿志连人或新石器时代人相似。据 S. N. 布伊哥夫斯基说："澳洲土人虽缺乏陶器，惟其所用的石器，已不能与旧石器时代相提并论。所用石器中已有穿孔的磨制石器，显然是新石器时代的形态。同时社会关系上，亦表现出分业与私有财产的特征，阶级分化的萌芽。"[①] 和旧石器时代早期的社会组织相差极远。故存在今日澳洲土人社会组织中的图腾制，已属转形期而具有初期氏族制的形态。

澳洲中部各部族，虽都以动植物为部族名称，但这种图腾动物，已非现实的，而是幻想中的动物，且联合许多部族共同崇拜一个图腾祖先。如华拉孟加人对"伏龙魁"的崇拜，"伏龙魁"是传说中的大蛇，尾部竖立时，头可没入云霄，华拉孟加人分为幼流鲁及金基里二族，同以"伏龙魁"为祖先，举行种种类似图腾仪式。据涂尔干所称："伏龙魁为一个集合的名词……为更进步之一种图腾。"[②] 实际上，"伏龙魁"大蛇在华拉孟加人的经济生产上并无何等关系，只是一种图腾传说的遗迹而已。

其次，澳洲土人的部族中，老人常居极重要的位置，成员婚姻分配和交换生产品的任务，都操于老人之手。在

---

① 早川二郎译：《考古学概论》60页。

② 古野清人译：E. Durkheim，《宗教生活之原初形态》下卷628页。

种种图腾仪式中，同样反映老人的特殊的优越地位，重要的图腾仪式，非老人不能执行。如阿龙泰人祈求图腾动植物繁殖的"阴特丘摩"祭，据斯本塞及基伦说：老人即"阿拉典家"在仪式中有以下各种优越的权利。

（1）仪式日期由老人决定。

（2）仪式中使用的"止令茄"（是代表其图腾祖先的存在物，具有魔术的效能，用木或石块制成。表面绘着象征动物及人类的纹样，一般用点及同心圆线或螺旋线代表人及动物。非部族中的老人，不能解说其中所代表的故事。）由老人藏于秘密之所，绝对不许别人看见。

（3）主要仪式举行完毕，数日后，开放禁忌。老人命成员外出取图腾动物，献给老人，老人先得食之，然后给与成员少许，且命令曰："汝辈可食之"，成员始得食。[1]

又，华拉孟加人举行"伏龙魁"仪式时，绘在地上代表大蛇存在的图腾，其重要部分，均由老人描写。[2]这是图腾制转为氏族制时，反映老人获得特殊的经济地位。在共同劳动，平均分配的图腾制中，不可能产生这种现象。

①　B. Spencer and F. J. Gillen：The Native Tribes of Central Australia，pp. 519–521.

②　B. Spencer and F. J. Gillen：Across Australia，Vol. 2，p. 106.

七

北美洲印地安人的图腾组织，较之澳洲、非洲更为进步，西北部的海达人、特林克斯人（Tlingits）而至中部的易洛魁人，或从事捞渔，或从事农业，社会组织已进入初期氏族制。如海达人的社会组织，是以血缘结合的家族为基础，家长握有最大的权威，家长又是一部族中的首领，居住在村落的中间。[①] 故海达人的图腾文化，亦属转形期的。最显著的特征就是对图腾柱的占有。图腾柱竖于首领门前的较一般成员为多。特林克斯人的图腾柱，又只竖立于部族首领的门前。图腾柱的顶端，必雕刻首领的形象，或首领个人的图腾记号。[②] 以显示首领在社会中的优越地位。

印地安人各部族中关于图腾动物的传说常与部族酋长结合在一起。大乌鸦为阿拉斯加及英属哥仑比亚一带的英雄人物，相传它有超人的能力和超自然的形态。[③] 传说其酋长即大乌鸦变成的，因有功于其族而得世袭为酋长；又传说一切生活必需的发明都归功于大乌鸦。[④] 同样，特新西人则以雷鸟（枭鸟）为部族酋长的子孙，即酋长的女和

① J. G. Frazer：Totemism and Exogamy，Vol. 3，p. 301.

② J. R. Swanton：Contribution to the Ethnology of the Haidas，pp. 122–124.

③ F. Boas：Mythology and Folk–Tales of the North American Indians，（Anth，in North America，p. 322.）

④ 岑家梧：《图腾艺术史》第三章，神话项参照。

枭鸟结婚所生的子孙，最为家族所尊敬。故特新西人举行雷鸟舞时，舞者戴枭鸟形假面具，周围有许多人，即记述这段故事。此外，易洛魁人海龟部族就相信其部族酋长是海龟变形而成的；朱克都人虾部族相信虾就是其部族的祖先。以上都是由图腾制转为氏族制时，图腾动物与氏族酋长相连结的反映。

八

我国台湾高山族中，所有类似图腾的文化，也多少和北美印地安人及埃及人的转形期相吻合。如派宛族，据林惠祥调查，对于蛇的崇拜习俗甚多，他说："番族有以祖先死后灵魂转入动物者，又有谓其族起源系诞自动物者，由此而发生动物崇拜。如派宛族对于一种毒蛇之崇拜即如是。……派宛族之一支族查里先（Tsarisen）称为'卡马华兰'（Kamavaran），派宛本族称为'扶仑'（Varan），咸加以极虔敬之崇拜，不敢杀害，甚至于酋长家室中特备一小房以为其巢穴。"[①]派宛人敬蛇，当源自图腾崇拜，而当社会组织转为氏族制时，蛇便变为氏族首领的保护者或象征，如埃及国王之象征神鹰一样。派宛酋长饲养毒蛇，亦因毒蛇为酋长的保护者之故。同时，酋长家

---

① 林惠祥：《台湾番族之原始文化》25—26页。

屋以及一切用具装饰，亦多以蛇形。而蛇形的描写，多已演变为简省的纹样，它和阿志连期的澳洲、北美土人的转形期的图腾描写同一形式。如双连杯及桶上的蛇形有 等。野眉族（Yami）的陶蒸器及陶瓶的蛇形为 等，[1] 又鸟居龙藏所举红头屿土人的装饰纹样有 （Kuttai）及 （ususu）[2] 亦颇类蛇体，是蛇的变形。

　　山羊崇拜产生于红头屿的野眉族。山羊虽为野眉人家畜，但绝对禁止食山羊肉。仅在重要祭礼仪式中才得杀食。婴孩多取雄羊的毛为身体装饰物，相信其有魔术的效能。据鹿野忠雄称：野眉人的家中，视为灵物的中央柱子上，常雕刻山羊角，如形。其他珍奇的颈饰，亦常刻有山羊图象。[3] 山羊既为野眉人的家畜而非狩猎对象物，则山羊崇拜实是一种图腾遗习。

九

　　以上就阿志连期埃及人、北美印地安人、台湾土著之

---

　　① 林惠祥：《台湾番族之原始文化》艺术项。

　　② 鸟居龙藏：《红头屿土俗调查报告》110页。

　　③ 鹿野忠雄：《红头屿与野眉族之山羊崇拜》。（东京《人类学杂志》45卷1号）

由图腾制转为氏族制的过渡期或初期氏族社会中存在的转形期图腾文化粗略叙述，可知其和旧石器时代的典型的图腾文化完全不同，下面再比较其差异：

（1）图腾制中的图腾动物为现实的狩猎者的狩猎对象物，转形期的图腾动物则为幻想的动物，即半人半兽的动物，或为氏族首领的变形而具有人类肉体型。

（2）当图腾制转变为氏族制时，因政治权力集中于首领，故转形期的图腾仪式中，处处表现首领占有优越的社会地位。

（3）图腾制中，举凡一切绘画雕刻，对于图腾动物的描写为写实体，转形期则变为简省体的象征性的，逐渐成为艺术上的模样而只应用于装饰。

以上两种文化形样的区别，是和当时社会经济发展阶段相适应的。近今人类学者、社会学者，述及图腾制度时，往往征引目下澳洲、美洲土人的社会组织为例。然依据我们以上所述，澳洲、美洲土人社会中的图腾实非典型的图腾制而显然具有转形期的特征。典型期的图腾制只能于旧石器时代后期社会的澳、美、非三洲及各地未开化民族的前期社会历史中去寻求了。

编后记

岑家梧（1912—1966 年），海南省澄迈县人，中国当代著名民族学家、民俗学家，主要研究领域有史前艺术史、民族学、民俗学等。1931 年考入中山大学社会学系，后一直从事民族学、民俗学研究。1934 年去日本留学，期间完成三部著作，其中一本即为《图腾艺术史》，其他两本为《史前史概论》《史前艺术史》。1937 年抗日战争爆发，由日本归国。1938—1945 年，先后在我国西南的滇、黔、川三省从事民族学调查研究，相关著作有《西南民族文化论丛》等。1946 年后，先后在中山大学、岭南大学、中南民族学院任职。在艺术史方面，岑家梧还著有《中国艺术论集》（1949 年出版）等。岑家梧在艺术史、民族学、民俗学方面都颇有建树，为学界留下一笔宝贵的文化遗产。

《图腾艺术史》初版于 1937 年，由上海商务印书馆出版，属于著名出版家王云五（1888—1979 年）主编的"百科小丛书"。"百科小丛书"的其他作者还有吕思勉、钱穆、周予同、马寅初、周昌寿、苏雪林等著名学者，这一丛书在当时及后来都有很好的影响力。

本次《图腾艺术史》的出版，参照商务印书馆1937年版、学林出版社1986年版，重新校订而成。本书保留学林出版社1986年版增加的附录二、附录三、附录四。原书有些用语具有时代局限性，比如"低级文化民族""土人""蛮夷""蕃族"等；还有一些用语为当时的常用行文，比如"图象""象……一样""雕象""发见""反覆""藉以""蕃衍"等；为呈现原书风貌，本书保留原书行文，不做修改，个别地方加注以作解释。另外，原书中很多人名、地名的翻译与现今翻译差别比较大，但其后都有原文标注，本版对其保留。为提高阅读体验，编者对部分常见的人名、地名，比如"佛来则""波亚斯""格拉勒"等，按今译做了注释。

编　者

2022年10月